"Durante los últimos seis años, Jan Greenw[...] esposa, Debbie, y ayudado a liderar y pastorear a las mujeres de *Gateway Church*. Durante ese tiempo, ella se ha mostrado, consistentemente, como una mujer de piadosa integridad y carácter. En este libro, Jan trata con malos entendidos acerca de las relaciones entre mujeres y presenta verdades poderosas sobre cómo destruir paredes divisorias y tener relaciones saludables entre unas y otras. Jesús dijo que el mundo nos conocerá por nuestro amor mutuo, y si usted comprende los principios que Jan resume en este libro y los aplica a su propia vida, no hay manera de decir lo que Dios puede hacer ¡en y a través de usted!".

—**Robert Morris,** pastor principal de Gateway Church
y autor de los libros de mayor venta:
Una vida de bendición,
El Dios que nunca conocí y
Una iglesia de bendición

"Jan Greenwood en una de las más fabulosas mujeres que conozco. Me honra poder llamarla *amiga*. Su dedicación a Dios y su determinación para superar la adversidad es MUY inspiradora. En su muy bien escrito libro: *Mujeres en pie de guerra*, usted será animada y fortalecida durante la lucha de sus propias batallas. Obtenga una copia hoy y ¡lleve una para las amigas que la rodean!".

—**Holly Wagner,** pastora de Oasis Church,
fundadora de *GodChicks*, autora de *Chicas guerreras*

"Jan es más que una amiga; es una luchadora. Sus luchas a través de la vida no la han detenido de seguir el llamado de Dios para su vida, y yo me siento honrada de ser testigo de las maravillosas maneras en que comparte su historia. Que su sanidad, fe y valentía inspire, motive y le de poder para que usted vida la vida a la que Cristo le ha llamado".

—**Christine Caine**, fundadora de *The A21 Campaign*,

"Pocas disertantes o escritoras pueden cautivar una audiencia con su conocimiento profundo de la Biblia y una relación personal fuerte con Jesús como lo hace Jan Greenwood. Ella no simplemente conoce acerca de Jesús, sino ha caminado con Él. Su testimonio y mensaje suenan con la claridad y convicción que solamente pueden provenir de una mujer que ha creído en Él a través de profundos valles y luego glorificarlo en lo alto de las montañas. Estas páginas desafiarán a todas las que las lean a amarlo más integralmente, a comprometerse con Él más de lleno y conocerlo más profundamente. El mensaje y ministerio que Dios le ha confiado a Jan cambiará vidas... por la eternidad".

—**Priscilla Shirer,** la autora del libro de mayor venta en la lista del *New York Times*: *The Resolution for Women*

"Cuán agradecida estoy de que una mujer tan sabia y profunda como Jan Greenwood haya abordado oportunamente el tema de cómo nosotras, mujeres cristianas, nos relacionamos con nosotras mismas y la una con la otra. En *Mujeres en pie de guerra*, Jan nos indica un mejor camino, uno de paz, ánimo y fortaleza mutua para las amigas en todas partes. Tan sincera. Tan espiritualmente reveladora. Tan práctica. ¡Gracias, Jan, por este maravilloso don de apoyo!".

—**Kari Jobe,** pastora, líder de alabanza, ganadora del premio Dove y nominada como artista a los premios Grammy

"Muchas de las grandes lecciones que aprendemos se encuentran en los lugares más difíciles. La historia de Jan no fue escrita en las afueras sino en el medio de la batalla. Cada página contiene verdades probadas y fe tenaz. Su pasión porque las mujeres reciban todo lo que Dios tiene para ellas está entretejida en cada página. Este libro le llamará a crecer y a encontrar su lugar junto a aquellas con quienes hemos sido llamadas a luchar, no en contra, ¡sino a favor!".

—**Charlotte Gambill,** pastora de *Life Church*, cofundadora de *"Dare to Be"* y autora de: *Now What?, Identity,* e *In Her Shoes*

"Jan Greenwood descubre los misterios de las relaciones entre mujeres a través de la Biblia, revelando cómo Dios ha diseñado a cada mujer con habilidad, personalidad y motivación únicas. Cuando Jan fue desafiada con una enfermedad que amenazaba su vida, ella abrazó el amor de

Dios, encontró paz y fortaleza interior. Ella lleva liberación a los corazones quebrantados y los espíritus heridos al enseñar a las mujeres a volver de la amargura de las batallas de la vida y unirse, hombro con hombro, con otras mujeres como un ejército de vencedoras".

—**Janelle Hail**, fundadora y CEO de
la *National Breast Cancer Foundation*

"Acabo de leer el primer capítulo del libro de Jan y debo admitir que no estaba preparada para que me encantara inmediatamente ¡pero así fue! Relaciones, es lo que todas queremos y su espíritu sincero y gentil la atrae y todas las defensas se derriten cuando ella se abre y comparte las situaciones que todas las mujeres enfrentan".

—**Karen Evans**, cofundadora y coanfitriona de *Marriage Today*

"El mensaje de Jan Greenwood cuenta la historia de sumisión total a su Creador en el medio de una batalla contra el cáncer y la pérdida de todo lo que era preciado para ella como mujer. Ella propone un plan para redefinir el valor de la mujer con palabras como: sabia, influyente, bella y auténtica".

—**Joni Lamb,** *Daystar Television Network*,
productora ejecutiva y anfitriona de "Joni",
artista discográfica y autora de *Surrender All*

"He tenido el gran privilegio de estar directa y personalmente relacionada con esta inteligentísima líder cuya capacidad ¡no puede ser superada por nadie! Los éxitos de Jan Greenwood en los negocios y el ministerio no se deben solo a su inteligencia, sino también a su sensibilidad, a Dios, su familia y sus relaciones. Jan tiene poder PINK, ternura con fortaleza, y es la mejor mujer que conozco para abordar con franqueza un tema que pocas mujeres reconocerían. *Mujeres en pie de guerra* restaurará su identidad y su feminidad en una nueva forma que le dará poder. Quita la 'pelea' de usted y pone ¡un nuevo espíritu de lucha en usted!".

—**Devi Titus**, vicepresidenta de *Kingdom Global Ministries*, presidenta
Global Pastors' Wives Network

"Este libro va a cambiar su vida. Me encuentro leyendo, totalmente comprometida, un tema que no muchas tocarían, pero Jan Greenwood lo hace con total fuerza y poder. Este libro tiene mucha revelación y da soluciones para las batallas que las mujeres enfrentan todos los días. Sentí como si me hubieran dado un plano para descubrir mi propósito como mujer y cómo avanzar con toda confianza en las relaciones con las demás. La estrategia de Dios para las mujeres se revela junto con los consejos sobre cómo luchar contra nuestro enemigo más grande a lo largo del camino. Jan tiene un mensaje que puede llevar a un cambio cultural en el pensar de todas las que se atrevan a leerlo. ¡Prepárese para ver a las mujeres de todas partes viviendo su destino dado por Dios!".

—**Michelle Brogan,** pastora, disertante, fundadora y directora de
Revolution Ministries y *Dance Revolution*

"Nunca antes en la historia, las mujeres han experimentado tal calidad de oportunidades y puertas abiertas como a las que tenemos acceso ahora. Pero en lugar de llevar nuestro cuidado y apoyo de unas y otras para llevar, muy a menudo caemos presas del 'fuego femenino', mujeres hiriendo mujeres. *Mujeres en pie de guerra* aborda esta realidad muy presente, exponiendo las mentiras del enemigo y revelando el sendero a la paz. A través de sus experiencias personales enfrentando dolor y aprendiendo cómo perdonar y ser perdonada, Jan Greenwood ilumina el camino para restaurar relaciones dañadas y desarrollar nuevas saludables. Cuando cultivamos la fuerza femenina, celebramos el propósito que Dios nos dio y en unidad con la gentileza y la gracia, las mujeres se vuelven una imparable fuerza del reino".

—**Wendy Walters**, conferencista, consultora, autora de
Marketing your Mind and Intentionality: Live on Purpose!

"La historia de Jan es un bello recuento del amor de Dios por las mujeres. Ella nos inspira y anima para extender nuestras cuerdas salvavidas naturales y espirituales las unas a las otras. En este libro, Jan captura la esencia del corazón de Dios hacia Sus bellas y preciadas hijas trayendo revelación de Su palabra para romper ataduras, reclamando 'soy una mujer' y mostrándonos cómo vivir una vida con propósito y destino".

—**Dorothy Newton**, conferencista, autora de *Silent Tears*

Mujeres en pie de Guerra

JAN GREENWOOD

Mujeres
en pie de
Guerra

RECUPERE LA **PAZ** PARA SÍ MISMA
¡Y PARA SUS AMIGAS TAMBIÉN!

**CASA
CREACIÓN**
Para vivir la Palabra

Para vivir la Palabra

MANTENGAN LOS OJOS ABIERTOS,
AFÉRRENSE A SUS CONVICCIONES,
ENTRÉGUENSE POR COMPLETO,
PERMANEZCAN FIRMES,
Y AMEN TODO EL TIEMPO.
—1 Corintios 16:13-14 (Biblia El Mensaje)

Mujeres en pie de guerra por Jan Greenwood
Publicado por Casa Creación
Miami, Florida
www.casacreacion.com
©2015 Derechos reservados

Library of Congress Control Number: 2015930283
ISBN: 978-1-62998-286-1
E-book ISBN: 978-1-62998-351-6

Desarrollo editorial: *Grupo Nivel Uno, Inc.*
Adaptación de diseño interior y portada: *Grupo Nivel Uno, Inc.*

Publicado originalmente en inglés bajo el título:
Women at War
Gateway Create Publishing
Texas, USA
Copyright © 2013 por Jan Greenwood
Todos los derechos reservados.

Visite la página web de la autora: www.jangreenwood.com

Nota de la editorial: Aunque el autor hizo todo lo posible por proveer teléfonos y
páginas de internet correctos al momento de la publicación de este libro, ni la editorial
ni el autor se responsabilizan por errores o cambios que puedan surgir luego de
haberse publicado.

Impreso en Colombia

23 24 25 26 LBS 9 8 7 6 5 4 3 2 1

Dedicatoria

A mi esposo, Mark,
y a nuestros hijos, Ashley, John, Luke y Matthew.
Ustedes me han otorgado un gran regalo:
La habilidad de ser todo para lo que Dios
me destinó: una ayuda idónea y madre.
Estoy eternamente agradecida.

Contenido

Agradecimientos

Estoy muy agradecida con todas las personas que me ayudaron a hacer una realidad *Mujeres en pie de guerra*. Poco sabía del verdadero compromiso, ánimo y recursos que serían necesarios para dar a luz este libro. Este proyecto pudo haber sido abortado si no hubiera sido por el apoyo y la guía de tantas amigas. Decir *gracias* parece insuficiente debido a la magnitud de regalos que he recibido.

Estoy muy agradecida con mi esposo y mejor amigo, Mark. Considero un privilegio supremo y un honor para mí ser tu esposa y la madre de tus hijos. Gracias por tu disposición para darme el tiempo y la gracia para amar y compartir mi vida con tantas personas, eres un hombre generoso. Gracias por guiar a nuestra familia a lugares cada vez mayores en plenitud y fe. En realidad, el fruto de esta obra te pertenece.

Y a nuestros hijos, Ashley, John, Luke y Matthew, gracias por el regalo de ser su mamá, por el gozo de verles convertirse en maravillosos hombres y mujeres y, sobre todo, por todo su amor y gracia. Ustedes son el gozo más grande que he conocido y la tarea más importante de mi vida. Después de todo, yo no sabía en realidad quién era o de qué se trataba mi vida hasta que ustedes llegaron. ¡Gracias a Dios que llegaron! Estoy orgullosa de ustedes.

También, estoy agradecida por mi mamá, Marilyn Weston, quien desde hace tantos años decidió darme vida. Gracias, mamá, por tu amor y por tu paciencia a medida que me acompañabas en esta jornada. Sé que te costó mucho. Soy bendecida más allá de todo y te amo mucho. Papá estaría orgulloso de la mujer que eres.

Gracias *Gateway Church* y a todo el equipo completo de *Gateway Create* por decir *sí*. Gracias a Thomas Miller y a Bobby Williams por ayudar a hacer este sueño realidad. Marsia Van Wormer, tú eres una bendición y una mujer de influencia. Gracias por creer en este mensaje mucho antes de que otros pudieran siquiera entenderlo. Aprecio tu disposición de ir más allá para ayudarme a derramar mi corazón sobre el papel. Estoy agradecida.

Un agradecimiento especial a Kathy Ide y a Nancy Smith, quienes amablemente tomaron este proyecto bajo sus alas profesionales para ayudarme a hacerlo volar. Kathy, gracias por escuchar mi corazón y ayudarme a crear este mensaje. Gracias por soportar la lucha de sacar lo que había en mi corazón y convertirlo en anécdotas y palabras. El mensaje suena claro gracias a ustedes. Nancy, gracias por usar tus talentos para hacer el mensaje y el ministerio efectivo. No habría podido hacerlo sin ninguna de ustedes dos.

Hay muchas amigas que hicieron más que solo animarme mientras escribía este libro. Ellas llegaron conmigo hasta el meollo y me ayudaron a entender mi experiencia, percepción y visión de manera que otras pudieran recibirla. Gracias a LoriAnn Lowery-Biggers, Dorothy Newton, Mary Jo Pierce, Stacy Durham y muchas otras. Ustedes nunca sabrán cuán crucial fue el que ustedes me sacaran de mi zona de comodidad. Ustedes me han bendecido.

Y no quiero dejar de mencionar a dos amigas muy preciadas que me inspiraron grandemente: Lee Ann Phipps y Jonya Schuman, ambas lucharon la buena batalla de la fe, así como la batalla contra el cáncer de mama, y fueron promovidas al cielo. Estoy siguiendo su ejemplo y luchando tanto por mi salud como por las mujeres en todas partes con toda mi fe, amor y gozo. Sin duda, soy una mujer afortunada por haber tenido a estas dos maravillosas amigas. A las mujeres de *Gateway Church*, cada una de ustedes, chicas *Pink*, nunca podré agradecerles lo suficiente. Me han dado un valioso regalo: su confianza. Se han convertido en mi familia. Gracias por permitirme el privilegio de servirles y por honrarme con sus oraciones, consejo y amor. No hay otro lugar donde preferiría estar.

Por el equipo *Pink* y todos los que hacen sus prácticas profesionales, representantes *Pink* y voluntarias, les amo con todo mi corazón. Servir con ustedes ha sido un gran placer. Su amistad no tiene precio para mí. Hay días en que tengo que pellizcarme pues aún encuentro difícil de creer que he llegado a dar un lugar con tanta gracia. Ustedes son el mejor equipo que una chica podría desear. Estoy en deuda con ustedes.

Este libro no estaría en sus manos ahora mismo sin la amistad leal y maravillosa consejería de Debbie Morris: mi amiga, mi jefa y mi pastora. Ella me ha enseñado acerca de la gracia y cómo amar a las mujeres más que ninguna otra persona. Este libro es una extensión de su visión para ayudar a las mujeres a entender cuán importante es para nosotros celebrarnos y animarnos mutuamente.

Y, por supuesto, todo el agradecimiento y la alabanza corresponden a Jesús por Su infinito amor por nosotras, Su gracia sacrificial y Su siempre viva revelación. A Él sea toda la gloria, poder y alabanza.

— *Jan Greenwood*

Prólogo

Amigas. A riesgo de sonar como una canción del viejo oeste, muchas sienten que no pueden vivir con ellas y ¡sin ellas tampoco! Mientras las amigas son vitales para el corazón de toda mujer, muchas de nosotras las evitamos debido a que hemos sufrido heridas profundas en manos de alguien a quien llamamos madre, hermana o amiga.

Como mujeres, instintivamente nos damos cuenta que estamos en una guerra. Pero, frecuentemente, fallamos en identificar a nuestro enemigo. A menudo, consideramos a nuestro propio género como el oponente. Estamos listas para la batalla en lo que a otra mujer respecta, pero estamos perdiendo la guerra. Nuestro enemigo no es nuestra amiga, hermana o madre; es Satanás.

En *Mujeres en pie de guerra*, Jan Greenwood explora el lado oscuro de las heridas infligidas sobre nosotras como mujeres por otras mujeres y brinda esperanza por un futuro brillante de una compañía de mujeres piadosas con los brazos entrelazados en atento compañerismo, luchando por cambiar nuestras familias, comunidades y el mundo.

Jan abre la cortina, exponiendo lo que todas hemos experimentado en alguna medida, a lo largo del camino. Las heridas de "ella dijo" o "ella hizo" que obstaculizan nuestro crecimiento espiritual y nuestro destino. En *Mujeres en pie de guerra*, Jan nos invita a conquistar la montaña de las relaciones saludables y, valientemente, nos recuerda que ¡se puede lograr!

He tenido el privilegio de trabajar con Jan durante muchos años. Dios nos puso en la misma oficina, al mismo tiempo, durante una época de transición y, a medida que cultivamos nuestra relación, hubo muchas oportunidades para no confiar o apoyarnos la una a la otra. Aún recuerdo la mirada perpleja en sus ojos durante algunos momentos tensos al inicio de nuestra relación.

Me alegra decir que sobrevivimos esos primeros días y todavía trabajamos juntas, y también disfrutamos de una amistad saludable. La cosa es que usted puede tener amistades saludables solamente si usted es saludable. Nuestras relaciones son un reflejo de quienes somos. A medida que Dios modificó cosas en el corazón de Jan, que Él había estado trabajando durante años, nuestra relación como amigas y compañeras de trabajo llegó a ser más fuerte. Vi a Dios seguir sanando a una mujer muy talentosa.

He tenido un asiento de primera fila para animar a mi amiga mientras ella luchaba y vencía el cáncer de seno, fielmente atendía a su mamá, diligentemente criaba a sus cuatro hijos, amaba a su esposo y nutría con amor y gracia a las mujeres que ella lidera. En *Mujeres en pie de guerra*, al igual que yo, se encontrará a sí misma encantada por la vulnerabilidad y ánimo audaz de Jan para modificar nuestras relaciones.

Es mi oración que, a medida que lea este libro, su corazón se abra a una nueva perspectiva de las mujeres en su vida. Le pido a Dios que toque sus heridas y le de esperanza para la restauración de relaciones rotas. Espero que cada vez que usted tome este libro, le sea recordado cuán importante es el papel que usted juega en traer paz para sí misma y para sus amigas, ¡también!

—**Debbie Morris**, pastora ejecutiva, *Pink, Gateway Church*,
autora de *Una mujer de bendición* y
The Blessed Marriage

Pensamientos de Ashley, la hija de Jan

Me da mucho gusto que haya escogido este libro. Ha estado en el corazón de mi mamá por mucho más tiempo que los dos años que llevó escribirlo. Quizá ella siempre supo que tenía algo qué compartir, algo que era tan importante que no podía evitar contarlo.

Cuando me preguntaban: "¿Qué se siente tener una mamá tan maravillosa?", yo respondía que es algo extraordinario. Ella no solo es una maravillosa esposa y mamá, sino que además es una líder y empresaria. Ella es un ejemplo para mí en todas las áreas de mi vida. Por ella, yo soy bendecida de tener algunas de las mejores amigas del mundo. Ella me enseñó que está bien confiar en las chicas y que ellas son uno de los más grandes tesoros de Dios.

Por ella, yo sé que no estoy limitada por mi género. Tengo las cualidades, el amor y el llamado para el destino que Dios tiene para mí. Ella es mi inspiración constante y mi mejor amiga. Estoy tan agradecida por la oportunidad de compartir a mi muy especial mamá con ustedes. Considero que ella puede inspirarle, de la misma forma en que me ha inspirado a mí.

Quiero que sepa que mi mamá ha pensado en usted todos los días. Usted es la fuerza que la mantiene en constante movimiento. A medida que escribía día a día, le vi a usted al lado de ella. Cuando la vida presentaba retos y hubiera sido mucho más fácil rendirse, ella continuaba, por usted. Saque provecho de las lecciones que ella ha aprendido, sumérjase en las historias que ella tan elocuentemente cuenta y escuche el mensaje que Dios tan fielmente le ha confiado. Ella cree en usted.

Yo creo que si usted lo permite, este libro le transformará. Le animo a hacer a un lado sus prejuicios, sus armas y sus heridas. Abra su corazón y permita que sea lleno con sabiduría. Deje que las palabras en estas páginas hablen al centro de su ser. Usted es mujer... usted importa.

Es mi oración que el Espíritu Santo le hable con ternura y que las palabras que llenan estas páginas se hagan vida en usted.

Esto se trata de algo mucho más grande que un libro. Yo creo que podría llamársele un movimiento.

—*Ashley Greenwood*

"Sus hijos se levantan y la bendicen".

—Proverbios 31:28

"En Dios tengo un destino. Sé que los pensamientos que el Señor tiene hacia mí, pensamientos de paz y no de mal, son para darme un futuro y una esperanza".

—Basado en Jeremías 29:11

"Pero luego volveré a conquistarla. La llevaré al desierto y allí le hablaré tiernamente".

—Oseas 2:14

Introducción

Unos años atrás, estaba en una reunión con mis compañeros de trabajo en *Gateway Church* en Southlake, Texas, tratando de ponerle un nuevo nombre a nuestro ministerio de mujeres. En solo unos pocos años, nuestra iglesia había crecido de treinta personas reuniéndose en el hogar de nuestro pastor, a ser una mega iglesia de miles de miembros y visitantes. Nuestra meta era sacar de toda nuestra experiencia un nombre para nuestro ministerio en el que todas las mujeres, de todas las edades y de diferentes ámbitos de vida, pudieran sentirse identificadas e inclinadas a participar.

Lo único en que todos coincidíamos en la reunión era que queríamos evitar usar el término *mujer* en el título debido a las percepciones comunes de esa palabra, muchas de las cuales no eran positivas.

"Significa tres hijos y un garaje de dos vehículos".

"Suena santurrona y antigua".

"Nuestras damas jóvenes no se sentirían identificadas".

"Implica que ser soltera no está bien".

"Es mandona e independiente".

"Tiene mucho del movimiento feminista".

"La gente que ha sido lastimada por mujeres no van a querer andar con ellas".

Tratamos numerosos sustitutos, incluyendo: *hermanas*, *chicas*, hasta "Nenas Gateway".

Mientras estábamos sentados alrededor de la mesa de conferencias, teniendo una tormenta de ideas sobre cómo alcanzar a las mujeres sin usar la palabra *mujer*, empecé a preguntarme cómo llegaron a formarse todas esas connotaciones.

Yo no tenía tales impresiones negativas acerca de las mujeres cuando era niña. Cuando nací, mis padres estaban emocionadísimos de tener una niña. Mientras crecía, me decían que podía hacer todo lo que me propusiera. ¡Y yo les creí! Según mi madre, un día, cuando estaba en kindergarten, salí de clase, entré al automóvil de un salto y le dije que yo podía dirigir ese lugar sin mi maestra, solo necesitaría a alguien que pudiera contestar el teléfono porque estaba colocado en la pared y ¡no podía alcanzarlo!

Crecí en medio del movimiento feminista. Aunque no estoy de acuerdo con la forma en la que algunas mujeres demandaban igualdad de derechos o declaraban su independencia y autosuficiencia, el movimiento sí despertó en mí una conciencia de mi propia fortaleza femenina y propósito.

Pero en algún momento descubrí que, en el mundo real, las mujeres fuertes no tienen vidas perfectas. Por el contrario, en mi intento de vivir a la altura de la imagen de mujer poderosa que adquirí cuando era niña, frecuentemente fui malinterpretada, criticada y maltratada.

• •

¿Cuán maravilloso sería si pudiéramos cambiar
la forma en que las mujeres se ven a sí
mismas y entre sí y, como resultado, cambiar
la forma en que el mundo nos percibe?

• •

Como respuesta natural, me alejé de otras mujeres. Llegué a verlas como mis enemigas, como si estuviéramos en guerra, la una contra la otra.

Cuando tuve a mi primer bebé, una niña, supe que no querría pasarle esa clase de legado. Rápidamente me di cuenta que para ser la mejor mamá posible, tenía que encontrar el valor para explorar los lugares dolorosos en mi corazón y permitirle a Dios tener acceso a ellos. Si yo quería emular ante mis hijos la clase de valores que anhelaba que ellos tuvieran, necesitaba reconocer las heridas que había recibido, así como las que yo le había causado a otros y perdonarme a mí misma y a aquellos que me habían lastimado.

Con mis antecedentes, no estaba segura que fuera siquiera posible para mí tener amistades positivas con otras mujeres. Para ser honesta, ni tenía muchos deseos de buscarlas. Pero ansiaba que mi hija las tuviera.

A principios de los años 90, mientras construíamos un pequeño negocio con mi esposo, servía medio tiempo como pastora de mujeres en mi iglesia local. Allí descubrí que no era la única mujer que había sufrido heridas significativas por medio de otras mujeres, y que, no solamente había recibido esas heridas, sino que empecé a darme cuenta que también las había causado.

Durante esa época, experimenté alguna restauración mayor en mi vida. También llegué a darme cuenta que las *relaciones saludables entre mujeres* no solamente son posibles: ¡Son poderosas!

En el 2006, mi familia se mudó al área de Dallas/Fort Worth y finalmente llegué a ser parte del equipo de liderazgo de mujeres en *Gateway Church*. A través de series de eventos divinamente orquestados, me dieron el privilegio de servir como pastora de mujeres. Mis responsabilidades incluían: animar a las mujeres a crecer espiritualmente, desarrollar relaciones saludables y aprender a animarse unas a otras. Como representante de ellas, estoy involucrada en el desarrollo de crear nuestras filosofías, ejecutar reuniones corporativas, participar en el desarrollo del liderazgo y servir de enlace con otras iglesias. Muchas veces, tengo la oportunidad de hablar en grupos grandes de mujeres y disfruto comunicarme con ellas por escrito y a través de medios sociales.

Aunque me encanta este cargo, considero mi mayor prioridad ser una buena esposa para mi esposo, Mark, y una buena madre para Ashley y nuestros tres hijos: John, Luke y Matthew. (Sí, ¡tenemos a los cuatro evangelios* viviendo en casa!). Mi familia me ha animado siempre a seguir el llamado que Dios me dio para acompañar a las mujeres y ayudarlas a cumplir sus propios destinos.

Al participar en esa reunión de estrategia con mis compañeras de trabajo y evaluar mis experiencias pasadas, me di cuenta que la mayoría de las mujeres no tienen muchas, si acaso, relaciones femeninas saludables. Muy frecuentemente, hablan a espaldas de las otras, participan en chismes y sabotean sus amistades potenciales. Con el tiempo, desarrollan una sutil desconfianza hacia sus mamás, hermanas, amigas, compañeras de trabajo y mujeres en general.

La cultura en la que vivimos confirma sus temores al promover constantemente la actitud que las mujeres son competitivas, calumniadoras y

---

* Nota del traductor: Nombres en español: Marcos, Juan, Lucas y Mateo.

malintencionadas. Abrazamos esas mentiras y terminamos despreciando a nuestro propio género.

¡No es de asombrarse que la palabra *mujer* tenga connotaciones tan negativas!

A medida que la reunión continuaba, algo profundo dentro de mí clamó a Dios para que las mujeres fueran libertadas de esas falsas percepciones. ¿Cuán maravilloso sería si pudiéramos cambiar la forma en que las mujeres se ven a sí mismas y entre ellas y, como resultado, cambiara la forma en que el mundo las percibe?

Si nos diéramos cuenta de nuestro valor inherente y de la importancia de tener amigas, yo creo que podríamos recuperar el nombre que Dios nos dio, con todos sus derechos y privilegios. Entonces, la palabra *mujer* podría ser definida por términos tales como *sabia, influyente, bella, dinámica, con propósito, visionaria, auténtica, llena de gracia, dignificada, misericordiosa, compasiva, dadora de vida*.

En este libro, quiero compartir con usted las cosas que he aprendido que han me han transformado de ser un mujer herida y aislada a ser una partidaria acérrima de que las mujeres lleguen a ser todo lo que Dios las ha llamado a ser a través de relaciones saludables con otras mujeres. Le invito a seguir este trayecto conmigo y descubrir por sí misma las maravillosas relaciones que Él tiene guardadas para usted, empezando consigo misma.

Capítulo 1

Es una guerra

DARSE CUENTA DE LA INTENSA BATALLA QUE LA RODEA

• • • • •

Todo tiene su momento oportuno…
un tiempo para amar, y un tiempo para odiar;
un tiempo para la guerra, y un tiempo para la paz.
ECLESIASTÉS 3:1,8 (NVI)

Paciente, no es un adjetivo que me describa regularmente. Hoy no es la excepción. Mientras estoy sentada en esta silla tan incómoda, alterno mi peso sobre un lado y el otro. Escucho los pasos en el corredor de los doctores y las enfermeras al pasar. Las voces son muy bajas como para que pueda escuchar lo que dicen. Siento que alguien se acerca a la puerta, pero después continúa su camino. Mi corazón se detiene y mis manos sudan.

Me entretengo enfocándome en el sonido que el aire acondicionado hace al encenderse y en el color de mal gusto de la pintura de la pared, tratando de hacer todo lo que puedo para desviar mi mente de la realidad en la que me encuentro y la posibilidad de lo que podría escuchar en unos momentos. Parece ser una eternidad.

Mis pensamientos se dejan llevar por las palabras que me dijo mi esposo la semana pasada, cuando entré a la cocina cojeando. "Jan, si no te ocupas de eso, no vas a poder ir a Egipto". Eso captó mi atención.

Me encanta viajar, especialmente en viajes misioneros. Por haber crecido los estados ultraprotestantes*, cuando era niña me parecía que todos eran cristianos e iban a la iglesia con regularidad. Difícilmente conocía

---

* Nota del Traductor: En el Cinturón bíblico, es decir en una de las regiones de los Estados Unidos en donde el cristianismo evangélico tiene un profundo arraigo social.

algún no creyente. Siempre escuchaba que había mucha gente en el mundo que no conocía a Jesús; pero cuando empecé a visitar países extranjeros, vi la magnitud de los perdidos.

En el año 2009, cuando me enteré de un viaje misionero a Egipto, no podía esperar para inscribirme. Prepararme para el viaje requería de una tremenda cantidad de planificación, por encima de las cosas que hacía diariamente. Al final, me enfoqué tanto en cuidar de todo y de todos los demás que no cuidé muy bien de mí misma.

Un día, mientras estaba sentada alrededor de la mesa de conferencias en mi oficina, sentí un intenso dolor punzante en mi cadera. Durante un par de semanas, cada vez que me levantaba o agachaba, me dolía la cadera. Mejoró, pero luego volvió a empeorar. El dolor fue tan fuerte que no podía usar zapatos altos y empecé a arrastrar un poco la pierna.

Sin embargo, algunas veces puede ser cabeza dura. Solamente la insistencia de Mark, y con la amenaza de perderme el viaje a Egipto, me hizo detenerme y prestarle atención al asunto.

• •

Las mujeres han luchado por ser lo
que son durante siglos, especialmente
cuando se encuentran en situaciones y
circunstancias que las dejan sintiéndose
despojadas de su feminidad.

• •

Hice una cita con el ortopedista. Dos días después de verlo, fui para que me hicieran una resonancia magnética de la cadera.

Una semana después, Mark y yo, fuimos a recibir los resultados. El doctor abrió su computadora y nos mostró la resonancia. Señaló un área de mi cadera y explicó que el tejido estaba suave y expandiéndose, lo que era un indicativo de un posible tumor.

¿Tumor? Mi esposo y yo nos quedamos viendo al doctor, y luego nos vimos el uno al otro, ambos estábamos sin habla.

El lunes siguiente fui al hospital para hacerme más exámenes. Durante una prueba de densidad ósea, la enfermera preguntó casualmente, "¿cuándo fue la última vez que se hizo una mamografía?".

A lo largo de varios años atrás, yo había programado una mamografía tres veces, y las tres veces había cancelado la cita por tener una agenda súper ocupada.

Después de la prueba ósea, me llevaron a radiología. Luego de la mamografía, fui a otro cuarto donde me hicieron un ultrasonido. Cuando todo eso terminó, esperé a solas para ver el precio que debía pagar por haber pasado por alto mi salud.

SOY MUJER

Cuando era adolescente, mi papá me compró una mini motocicleta de color amarillo brillante. Vivíamos en el campo, donde el buzón de correo quedaba a más de kilómetro y medio de distancia, el vecino más cercano estaba calle abajo y cruzando la esquina, y, cualquier día de la semana era más probable ver una vaca que un ser humano. La pequeña motocicleta me dio libertad para ir a donde quisiera y hacer lo que nunca hubiera podido, sin ella.

Un día, iba manejando mi mini motocicleta calle abajo para visitar a una amiga, el viento alborotaba mi cabello, apreté el acelerador y canté a voz en cuello la canción de Hellen Reddy "Soy mujer".

En ese momento de mi vida, no tenía idea de lo que significaba ser mujer, pero me identificaba con las poderosas declaraciones de la letra de esa canción.

Recordarlo trae una sonrisita a mi rostro. Las mujeres sienten con frecuencia la necesidad de declarar su feminidad. Para poseerla. Para luchar por ella.

Sopeso lo paralelo entre esa batalla y lo que enfrento en ese cuarto de espera. Las mujeres han estado luchando por ser lo que son durante siglos, especialmente cuando se encuentran en situaciones y circunstancias que las dejan sintiéndose despojadas de su feminidad.

Salgo de mis memorias y regreso al momento mientras estoy en la silla. Mi corazón clama: ¡Soy mujer! ¡Por favor, no me lo quiten!

Al fin, el radiólogo llega y mis peores temores se hacen realidad. "Señora Greenwood, usted tiene cáncer de seno en grado IV y ha hecho metástasis en su cadera. Necesitamos referirla a un oncólogo".

Mi mundo da vueltas incontrolablemente. Me siento débil. Aturdida. Hecha añicos.

Sé lo suficiente acerca de esta enfermedad como para entender qué es lo que enfrento. El cáncer tratará de robar mi feminidad, provocando un asalto en mi cuerpo que amenaza el centro de mi identidad. La quimioterapia minará mi fuerza y me expondrá a una variedad de consecuencias aterradoras. Hará que mi cabello se caiga. La intervención quirúrgica significará perder uno o ambos senos. Mi fortaleza natural y celo por la vida serán templados por la fatiga y la preocupación. De un tirón, seré despojada de lo que más me identifica como mujer. Pero más aterrador que el efecto sobre mi apariencia es la amenaza tangible de que posiblemente muera.

He sido atacada, literalmente por la espalda, por un enemigo cruel, traicionero, que trata de tomar mi vida como un "botín de guerra".

EL GRAN YO SOY

En el lapso de una semana de mi diagnóstico, soporté una batería de exámenes adicionales y procedimientos: otra resonancia magnética, una biopsia de médula ósea, una biopsia de la cadera, una biopsia por punción de mi seno, un estudio PET y una cirugía para insertar un puerto en mi pecho. Dos semanas después del diagnóstico, empecé quimioterapia.

Me convertí en una *paciente*.

· ·

Se hizo claro que mi deseo más profundo sería dejarles un legado de amor.

· ·

No mucho después de mi primera ronda de quimioterapia, Mark y yo fuimos a un culto. Todos se pararon para adorar. Yo me sentía tan cansada y abrumada; solamente me quedé allí sentada.

Cerré mis ojos y, repentinamente, fue como si hubiera entrado en una habitación donde me esperaba Jesús.

Con la frustración, fatiga, temor e ira, lo confronté. "¿En realidad eres así? ¿Eres duro? ¿Eres caprichoso? ¿Es esto un tipo de castigo?».

Él no respondió, sino que se quedó mirándome compasivamente mientras yo me descargaba.

Cuando finalmente perdí mi aliento, quedé en silencio. Después de unos momentos tensos, formulé la verdadera pregunta en mi corazón. "¿Eres Tú quien va a sanarme?".

"Yo soy," respondió.

Yo sabía lo que Él estaba diciendo. No solo, "Yo soy quien te va a sanar". Él me dijo Su nombre y reveló Su carácter—el Gran Yo soy. Recordándome quién Él es, Él estaba diciendo: "No importa lo que pase, Jan, Yo soy suficiente".

Su respuesta tranquila me calmó. La esperanza empezó a titilar. En ese momento, luego de haber derramado mi ira y desesperación, Su paz me rodeó. El peso de Sus palabras me envolvía como una manta; el Consolador rodeaba mi alma. Empecé a creer que Dios me sanaría. Yo sabía que "Yo soy" estaría conmigo en cada paso del camino. Eso era suficiente.

LA BATALLA POR LA FEMINIDAD

Empecé un año y medio intenso de tratamientos agresivos y una tarea de por vida para buscar, comprender y mantener mi salud. Después de 19 rondas de quimioterapia, una extirpación de tumor y una ronda completa de radioterapia, Dios me sanó. Estoy bien.

Enfrentarme con mi moralidad cambió mi perspectiva y mis prioridades. Mark y yo consideramos seriamente el valor que les damos a la familia, fe y amigos. Yo necesitaba medir mis días y pensar cuidadosamente cuál sería mi legado.

Durante el proceso de tratamiento, frecuentemente, veía los rostros de mis hijos, sintiendo la profundidad de mi amor por ellos. Si solamente pudiera hacer algunas cosas antes de mi muerte, ¿qué escogería? ¿Cuáles serían mis últimas palabras? ¿Qué tesoro les otorgaría?

Se hizo claro que mi deseo más profundo sería dejarles un legado de amor.

Retuve a mis hijos en mis brazos y les dije, "les amo". Les pedí que me perdonaran por las veces que les había causado dolor. Les hablé sobre la fidelidad de nuestro Dios y les afirmé Su disposición para sanar todas nuestras heridas: físicas, emocionales y espirituales.

Pero decidí no detenerme allí. Empezaría una revolución de amor que llegaría más allá de mis propios hijos y alcanzaría a las mujeres en todas partes. Expondría las amenazas, mentiras y heridas que las mujeres se imponen unas a otras; primero, para beneficio de mi hija, Ashley...y luego para mis futuras nueras...y finalmente para todas las mujeres que amo. Hasta para aquellas a quienes nunca conoceré personalmente en este lado del cielo.

GANAR LA GUERRA

Desearía poder decirles que me libré de los estragos de mi guerra contra el cáncer. Desearía presentarles una historia de sanidad instantánea, sin sufrimiento, pero la verdad es que experimenté extenuantes efectos secundarios negativos de mi tratamiento de quimioterapia. Mi cabello se cayó, lo que retó mi autoestima. Tuve que entregar la parte enferma de mi pecho a la cirugía y enfrentar batallas terribles en mi mente. Caminé con una cojera dolorosa por largo tiempo y me ha tomado años recuperar mi fortaleza física. No tuve la oportunidad de hacer ese viaje a Egipto y probé la desilusión.

. . . .
Soy mujer. Ninguna enfermedad, arma
o herida puede quitármelo.
. . . .

Pero he ganado algunas batallas mayores en el camino. En el proceso de andar en esta prueba atemorizante, vencí no solamente al cáncer sino, también, a muchos de mis temores, heridas e inseguridades. Encontré el valor para luchar por mi feminidad tanto en lo natural como en lo sobrenatural. Descubrí que estoy eternamente a salvo en las manos de un Salvador amoroso y que pelea por mí, Quien me comprueba Su fidelidad una y otra vez. He retenido mi feminidad y abrazado su poder. Ahora sé que quien yo soy está, solo superficialmente, relacionado a mi apariencia física.

Soy mujer. Ninguna enfermedad, arma o herida puede quitármelo.

Ahora, siempre que digo o escucho "Yo soy", me da una inyección de fortaleza al recordar el mensaje de Dios para mí acerca de Su amor y poder. Cada día me recuerdo a mí misma: "¡Estoy bien! ¡Soy mujer!".

El mismo Dios que me defendió durante mi lucha contra el cáncer también puede provocar la victoria en la guerra por nuestra feminidad. Amiga, nuestro enemigo es fuerte. Pero esta batalla no tiene que abrumarnos. Permítame afirmárselo, estamos del lado ganador. Cuando las mujeres se juntan, unidas en el Señor, ¡somos poderosas!

· · · · ·

PREGUNTAS PARA REFLEXIONAR

+ ¿Qué significa para usted "feminidad"? ¿Qué significa ser mujer?

+ Describa una o dos de las relaciones más importantes con otras mujeres en su vida. Estas, ¿son/fueron experiencias negativas? ¿Por qué?

+ Describa un momento o una época cuando empezó a darse cuenta que había una guerra. ¿Qué estaba pasando en su vida?

+ ¿Cómo respondió a esas circunstancias? ¿Cómo le respondió a Dios en esas circunstancias?

+ Tome un minuto para procesar con Dios ese momento o esa época.

Tenemos un enemigo muy real que está librando una guerra contra nosotras como mujeres. Una forma en que le encanta hacer eso es tratando de decirnos lo que las circunstancias de nuestra vida significan para nosotras como mujeres. En otras palabras, nos miente.

Vamos a hacer una pausa aquí y le haremos algunas preguntas a Dios. A Él le encanta hablarles a Sus hijas. A Él le encanta decirnos la verdad de cómo Él nos ve y nos ama.

Deténgase por solo un minuto y sosiéguese. No tenga miedo; Él es un Dios bueno. Él es gentil y amable, y le ama mucho. Él habla con palabras o imágenes y, algunas veces, en simplemente una impresión. Escuche.

Hágale estas preguntas a Dios (y escuche Su respuesta).

+ Dios, ¿qué mentiras he creído acerca de mí, como mujer?

+ ¿Qué mentiras he creído sobre mi feminidad?

+ Dios, ¿cuál es la verdad acerca de mí? ¿Acerca de mi feminidad?

Tome nota de lo que escuche. Si le hace sentir sucia o avergonzada, no es Dios. Por otro lado, si le hace sentir amada y valorada, ¡con toda seguridad, es Dios!

Reciba lo que Él dice acerca de usted y su feminidad y ¡declárelo! ¡Declare con valentía la verdad de lo que Dios dice acerca de quien usted es!

Capítulo 2

Propaganda

CONOZCA A SU VERDADERO ENEMIGO Y SUS MENTIRAS

• • • • •

Por lo demás, hermanos, piensen en todo lo que
es verdadero, en todo lo honesto, en todo lo justo,
en todo lo puro, en todo lo amable, en todo lo
que es digno de alabanza; si hay en ello alguna
virtud, si hay algo que admirar, piensen en ello.
Filipenses 4:8 (RVC)

La comunicación masiva de la actualidad es uno de los métodos de guerra más desafiantes y generalizados usados en la agresión a las mujeres. Los programas televisivos, las películas y la música forman nuestra percepción de lo que es normal, aceptable y que debe procurarse. Lo que vemos y escuchamos nos influencia, ya sea que estemos o no conscientes de su impacto.

La propaganda es una de las armas de guerra más prolíficas y engañosas. Eso se debe a que cada conflicto se lidia en dos campos de batalla: el campo de batalla en sí y las mentes de la gente involucrada en el conflicto. En la batalla de la vida, tenemos que recordar que lo que se diga en el lado del enemigo es propaganda. Él es un mentiroso. Su misión es matar, robar y destruir. Él es hábil para engañar a la gente con distorsiones, exageraciones, subjetividad, inexactitud y hasta con claras mentiras. Los medios, con frecuencia, son el lugar perfecto para que él use esta arma.

A lo largo de los años, los medios se han vuelto progresivamente negativos acerca de las mujeres, y progresivamente más influyentes. Las mujeres en general son representadas como malas, manipuladoras, egoístas o tontas.

Aún las películas que supuestamente son para niños han explotado el lado feo de las relaciones entre mujeres. La Cenicienta tiene una madrastra malvada y dos hermanastras odiosas. Blanca Nieves fue traicionada y casi asesinada por una mujer envidiosa que la despreciaba por su belleza. Ariel pasó todo el tiempo anhelando ser algo más de lo que era y trabajando duro para renunciar a su posición real por una fantasía emocional, aunque eso significara desafiar a su padre, descuidar las necesidades de sus hermanas y sus compromisos con la comunidad. Una de las últimas películas de princesas de Disney, *Valiente*, tiene una trama enfocada en el conflicto entre una madre y una hija, con la implicación que una hija debe rebelarse para encontrar su propio camino. Estos estereotipos son sutiles y cuantiosos.

. . . .

En la batalla de la vida,
debemos recordar que todo lo que
se diga en el lado del enemigo es
propaganda. Él es un mentiroso.

. . . .

Cuando era niña, nuestra familia miraba shows televisivos como *La tribu Brady* y *La familia Partridge*, donde los problemas más grandes tenían que ver con la rivalidad entre hermanos y la ansiedad simple del adolescente. Durante la segunda temporada de *La tribu Brady*, en un episodio titulado "La liberación de Marcia Brady", Marcia se propuso comprobar que una chica puede hacer todo lo que un chico hace. Sus hermanos desafiaron la idea y forzaron a Peter a unirse al club de Jan, *the Sunflower Girls** para dejar en claro que los varones podían hacer todo lo que una niña puede.

El lanzamiento de las telenovelas en los años 60, empezó a erosionar lentamente el valor y belleza de las mujeres. Día tras día, los televidentes vivían indirectamente a través de las historias dramáticas de la gente aparentemente perfecta que solamente aparentaba vivir en la realidad.

_____

*   Nota del traductor: Las chicas girasol.

A medida que nuestras madres y abuelas se "tragaban el refresco" de la televisión diurna, su sentido de lo que era normal, saludable y apropiado en las relaciones fue alterado.

Durante años, mi familia había visto *Survivor*, el primer "*reality show*" en televisión. Estábamos fascinados con el poder de la gente para perseverar hacia una meta a través de dificultades increíbles. También estábamos sorprendidos por la profundidad de la traición humana, engaño y falta de respeto que un ser humano le mostraba a otro... frecuentemente, sin una razón clara. Por su propia naturaleza, el programa perpetuaba el rechazo y el instinto de sobrevivencia. "*Pasaré sobre y por encima de ti por el objetivo final de lograr la recompensa financiera*". Eso divide a la gente, en términos generales, entre héroes y villanos. Los productores ponían a gente normal en una situación de máxima presión, manipulaban las circunstancias para crear estrés máximo y, luego, se alejaban para contemplar el estallido.

Recientemente, hemos visto el lanzamiento de varios programas de televisión relacionados al término *amas de casa*. Estos shows han llevado las relaciones entre mujeres a un nivel de fealdad totalmente nuevo. Cada episodio es una descarga verbal de insultos, murmuraciones y heridas. Recibimos una avalancha semanal de traición, abuso verbal, calumnias, intrigas y dolor. Todo en la serie está diseñado para confirmar nuestros peores temores y mentiras culturales.

Las mujeres representadas en estos shows están dolidas, pero no tienen soluciones verdaderas para sus luchas. Aunque, instintivamente, sabemos que lo que estamos viendo está mal, pareciera que no podemos arrancarnos de allí. Semana tras semana, las mujeres están empapándose a sí mismas en esta influencia cultural, confirmando a sus almas que así es como las mujeres "verdaderas" se tratan entre ellas.

Y nosotros llamamos a estas cosas "entretenimiento".

Estos y muchos otros *reality shows*, libros, películas y música están llenando nuestros medios de comunicación con información negativa acerca de las mujeres, e impactando a nuestras hijas. Estos implican que las mujeres son una mezcla extraña de amiga y enemiga que se relacionan unas a otras a través de peleas y competencias, y dejan a las chicas preguntándose si la única forma de ser vista y oída es siguiendo este modelo descabellado.

Pero eso no es lo que Dios tenía en mente cuando creó a las mujeres.

EL *REALITY* DE DIOS

Para comprender cómo ve Dios a las mujeres, necesitamos regresar hasta el principio, al Jardín del Edén.

Dios creó el cuerpo de Adán del polvo, lo formó con Su mano. Luego, Dios infundió Su propio aliento en ese cuerpo y Adán cobró vida. Él era único: lo único en el huerto creado a imagen de Dios. Él era fantástico. Brillante. Perfecto.

Dios le dio a Adán una tarea tremenda: nombrar a todos los animales que Él había creado. Al escoger un nombre para cada uno, Adán demostró una imaginación vívida como la de su Padre.

No sabemos cuánto tiempo le llevó o cuántas criaturas pasaron ante Adán, pero sí sabemos que al final, Adán, se dio cuenta que no había nadie en el jardín parecido a él.

Cuando Adán se dio cuenta que era diferente, Dios aparece con un milagro creativo final. Con Su divino poder sedó a Adán y llevó a cabo el primer "procedimiento quirúrgico". Abrió el costado de Adán y sacó una porción de su costilla. Mientras Adán dormía, Dios creó una compañera para él, literalmente, de su carne y sangre.

¿Por qué usaría Dios un hueso del cuerpo de Adán para crear a su compañera? Nuestros huesos no solamente proveen soporte esquelético a nuestros cuerpos, en realidad producen vida. La Escritura nos dice que la vida está en la sangre (Génesis 9:4, Levítico 17:14, Deuteronomio 12:23). La médula, la parte blanda del tejido dentro de nuestros huesos, es una fábrica de producción de sangre, desarrollando constantemente la fuente que suple a nuestro cuerpo con oxígeno, nutrientes y un sistema de defensa.

Dios tomó esta porción de Adán, viviente y dadora de vida, y la usa para crear otro ser humano.

Cuando Adán despertó, él vio esta última criatura. Luego hizo lo que había estado haciendo por mucho tiempo. Le puso nombre. La llamó *mujer*, diciendo: "Esta es hueso de mis huesos y carne de mi carne". La palabra hebrea para *mujer* literalmente significa *sacada del hombre*. Ella era igual, pero diferente. Ella creó en él una sensación de plenitud. Al igual que Adán, ella era extraordinaria. Única. Especial. La compañera perfecta.

Una gran diferencia entre el primer hombre y la primera mujer era que Adán necesitó un procedimiento milagroso para producir otra vida. Él tenía vida en sí mismo: sangre y hueso. Pero eso solamente sostendría su propio cuerpo. Ella tenía sangre y hueso también, pero además tenía matriz.

La primera mujer fue formada para ser dadora y sustentadora de vida. Ella fue diseñada para unirse a Adán y engendrar hijos en un marco de completa seguridad e intimidad. Juntos, el hombre y la mujer iban a construir la primera familia, compartiendo con sus hijos el profundo amor y la gran provisión del Padre.

En el huerto, Adán y Eva caminaban y conversaban libremente con Dios, en continua comunión con Él. Así es como Dios planeó que fuera la vida para todos nosotros. Sin pecado, sin angustia, sin dolor, sin enfermedad, ni siquiera trabajo arduo. Ellos podían hacer cualquier cosa, tener cualquier cosa y hasta comer cualquier cosa... con solamente una excepción. En tanto se abstuvieran de comer el fruto de los dos árboles en el centro del huerto, podían disfrutar de todo lo demás.

· ·

Satanás le odia. Él odia a toda la humanidad, pero en especial desprecia a las mujeres.

· ·

Pero también en el huerto, Satanás utilizó a la serpiente, una de las criaturas que Adán había nombrado, para tentar a la mujer para que pecara. Él se acercó a la mujer, como una acompañante en el huerto, y buscó la oportunidad para hablar con ella acerca de lo que Dios les había dicho a ella y a Adán. Él llenó su mente con propaganda haciéndole una o dos preguntas acerca de la única cosa que Dios les había dicho que no hicieran: comer el fruto de los árboles prohibidos. Él, incluso, fue más allá al calumniar el carácter de Dios, implicando que Él era un mentiroso. La serpiente usó implicaciones sutiles para guiar a la mujer a que razonara que si ella comía de ese árbol, el árbol del conocimiento del bien y el mal, ella sería como Dios.

De hecho, ella y Adán, ya eran como Dios. Ellos fueron creados a la imagen de Dios. Ella ya poseía lo que fue convencida que le faltaba. Pero la serpiente fue hábil sembrando una duda en su mente. Al final, la mujer usó su libre albedrío y comió la fruta, luego la compartió con Adán.

Inmediatamente, su realidad cambió. Ellos supieron que estaban desnudos. Cuando oyeron venir a Dios, la culpa los hizo correr y esconderse. Como nunca antes, ellos sintieron miedo.

Cuando Dios llegó a preguntar acerca de su aventura al comer la fruta, ellos se culparon el uno al otro.

Luego, Dios resumió las consecuencias de su elección sobre el hombre, la mujer, la tierra y la serpiente. De modo interesante, Él empezó con la serpiente.

Génesis 3:14-15 (BLP) dice que Dios le dijo a la serpiente: "Por cuanto has hecho esto, ¡Maldita tú entre todos los animales y entre todas las bestias del campo! Sobre tu vientre andarás, Y polvo comerás todos los días de tu vida. Y pondré enemistad entre ti y la mujer, y entre tu descendiente y su descendiente. Él te aplastará la cabeza cuando tú hieras su calcañar".

En ese momento se lanzó una guerra entre Satanás y la mujer.

También hubo algunas consecuencias grandes para la primera pareja. Él fue destinado a una vida de trabajo duro y ella a dar a luz con dolor. La mujer, creada para sustentar vida y dar a luz amor, en cambio, en ese momento, parió odio y muerte.

Para protegerlos de volver a cometer el mismo error, Dios sacó a Adán y a su compañera del huerto para que no pudieran tener acceso al otro árbol, el árbol de vida. Haber sido removidos de su lugar divino tiene que haber sido devastador para sus almas.

Aún en su estado caído, y en medio de su temor, culpa y dolor, Adán todavía reconoce el carácter divino de la mujer. De manera que le da un nuevo nombre, Eva, que significa: "madre de todo lo que vive". Antes de haber concebido su primer hijo, Adán sabía que ella era una dadora de vida.

NUESTRO ENEMIGO MORTAL

¿Le puedo contar un secretito? Satanás le odia. Él odia a toda la humanidad, pero en especial, desprecia a las mujeres. Satanás sabe que Eva escuchó la maldición pronunciada sobre él, y se da cuenta que su hijo puede aplastarle la cabeza. Por lo tanto, él le tiene miedo, y va a hacer cualquier cosa para matar su capacidad de producir vida. Usted lo hace temblar de pavor porque usted es una seria amenaza para sus planes. Él odia que tengamos la capacidad de dar vida. Es una de las cosas que él más desea y que no tiene.

Esa es la razón por la que estamos en esta guerra verdadera.

Eso es por lo que el enemigo continuamente procura provocar una guerra entre usted y sus hijos y entre usted y otras mujeres. Él quiere acribillar su mente con mentiras y herirla por medio de las palabras y acciones de otras para poder reducir su capacidad de vencerlo.

Cuando nos confrontamos entre nosotras mismas, perpetuamos el odio nacido en el huerto. Él se emociona cuando nos destruimos unas a otras porque él saborea la oportunidad de herir nuestro calcañar. Él quiere que nos convirtamos en mujeres que odian y destruyen la vida en lugar de mujeres que aman y dan vida.

Desafortunadamente, yo me parezco mucho a Eva. Con demasiada frecuencia, escucho las conclusiones del enemigo, le doy cabida a sus mentiras y razono los beneficios de pecar. ¿Por qué?

Vivimos en nuestro propio falso *"reality show"*, lleno de propaganda. Hay un productor (Satanás) y un equipo de directores (demonios) quienes trabajan tiempo extra para añadir presión al conflicto de las realidades diarias y el estrés de ser humanos. Ellos traman contra nuestras fuerzas y necesidades naturales para crear un desafío tras otro, donde algún consuelo o esperanza pequeña que parece ser tan esencial, es ofrecida como el premio mayor. Jugamos a ciegas, creyendo cada mentira, experimentando victorias a corto plazo, pero rechazo a largo plazo. Golpeamos a otros (especialmente a las mujeres) mientras nos lastimamos a nosotras mismas. Fallamos en experimentar relaciones íntimas, interpersonales, como debieran ser y, en su lugar, atacamos a aquellas que tienen el potencial de amarnos, ayudarnos a crecer, animarnos y acercarnos a aquel que nos creó.

Mientras vemos el mundo a nuestro alrededor y escuchamos las mentiras del enemigo, en lugar de evaluar los mensajes los recibimos en nuestros espíritus, los sopesamos, hablamos de ellos. Estas perspectivas negativas forman nuestras opiniones, ideas y hasta nuestro sistema de creencias. Luego, repetimos naturalmente los comportamientos y actuamos en consecuencia. Nos convertimos en nuestras propias peores enemigas.

ETIQUETAS

Una "etiqueta" se usa para identificar algo, nos dice qué es y a quién pertenece. Nuestro enemigo usa las etiquetas como un arma para adoctrinar nuestro pensamiento y crear duda acerca de lo que Dios nos ha dicho, dándonos percepciones despectivas de quienes somos y quien es Dios.

¿Alguna vez pensó que cualquiera de las palabras siguientes la describirían? (Adelante, haga una marca a la par de cualquier palabra que parezca encajar en su autopercepción presente o pasada. Y añada cualquier adjetivo negativo que no esté en la lista).

- Gorda / pasada de libras
- Haragana
- Indigna
- Incompetente
- Estúpida
- Tonta
- Despreciada

- Fea
- Terca
- Torpe
- Irresponsable
- Informal/Poco fiable
- Inestable
- Mala

¿Cómo se sintió al leer la lista? ¿Qué emociones fluyeron a través de usted? ¿Remordimiento? ¿Enojo? ¿Frustración? ¿Están esos sentimientos dirigidos hacia la gente que le dio esas impresiones, o se culpa usted a sí misma por sus propios defectos?

Desde temprana edad, tendemos a aceptar las opiniones de quienes nos rodean. Si los amigos, maestros, familiares y hasta extraños señalan nuestros errores y resaltan nuestras debilidades, experimentamos vergüenza, temor y frustración. Para cuando alcanzamos la edad adulta estamos marcadas con todo tipo de pensamientos y connotaciones acerca de nosotras mismas.

• •

Dios jamás nos etiqueta, pero a Él le encanta nombrarnos.

• •

Satanás quiere que creamos que sus identificadores definan quiénes somos. Él se regocija cuando nos vemos a nosotras mismas según esas falsas percepciones. Si él puede convencernos de que somos definidas por nuestros defectos y errores, o de que la Palabra de Dios no es digna de confianza, él puede evitar que seamos lo que realmente somos. Estas etiquetas, y las experiencias dolorosas asociadas con ellas, son los instrumentos que él usa para *herir su calcañar*.

El enemigo susurra constantemente a nuestros corazones que dichas etiquetas se aplican a nosotras, y porque vivimos en un mundo de falsa realidad, le creemos. Nuestras inseguridades secretas se confirman cuando otras personas nos ponen esas etiquetas, ya sea directa (de frente), o en conversaciones que alcanzamos a escuchar (para lo cual Satanás se asegura que estemos en el lugar y tiempo correctos para ser informadas), o en discusiones que nos cuentan otras (cuando Satanás ha convencido a alguien de que pasar un chisme es beneficioso para todos los involucrados). Inmediatamente creemos un gran montón de mentiras.

NOMBRES

Dios nunca nos etiqueta, pero le encanta nombrarnos. Adán dio a Eva dos nombres principales: "mujer" y "madre de todo lo que vive". Esos nombres aún aplican a usted y a mí. Dios nos llama "mujeres" y "madres de vida". Llevamos el ADN de Eva dentro de nosotros.

El nombre "mujer" es fundamental, profético y poderoso. Ese nombre nos ha sido dado como un regalo. En alguna parte del camino, lo entregamos a nuestro archienemigo y le permitimos ponerle con toda clase de etiquetas horribles.

Dios ama tanto a las mujeres que Él pronuncia nombres sobre nosotros aún más poderosos y proféticos en la actualidad. Algunos de esos nombres jamás fueron pronunciados sobre nuestras abuelas, ni siquiera sobre nuestras madres. Y yo creo que hay más nombres por venir para nuestras hijas a medida que Dios las prepara para Sus propósitos.

• •

Solamente hay una forma segura para vencer las mentiras del enemigo, y esa es: conocer la verdad.

• •

A continuación comparto algunos de los nombres que Dios está pronunciando sobre las mujeres de esta generación. ¿Cuál de ellos resuena en su espíritu? (Haga una marca a la par de todas las que se le apliquen ahora, que hayan aplicado en algún momento de su vida o que usted desee profundamente que apliquen en el futuro).

✦ Rescatadora	✦ Ejecutiva
✦ Sierva	✦ Gobernadora
✦ Embajadora	✦ General
✦ Revolucionaria	✦ Representante
✦ Abolicionista	✦ Presidenta
✦ Jueza	✦ Cuidadora
✦ Defensora	✦ Historiadora
✦ Abogada	✦ Intercesora
✦ Socorrista	✦ Amiga
✦ Líder	✦ Vecina

- ✦ Misionera
- ✦ Capitana
- ✦ Comandante
- ✦ Guerrera
- ✦ Discípula

Solamente hay una manera de vencer las mentiras del enemigo, y esa es: conocer la verdad. Usted y yo tenemos la capacidad de rechazar las etiquetas y mentiras de nuestro enemigo, de modo que podamos aceptar y recuperar nuestros nombres dados por Dios. Si usted ha estado prestándole atención a una serpiente astuta sobre lo que a usted le falta o permitiéndole interpretar lo que Dios dijo, tome un momento para arrepentirse y aplicar el remedio de la verdad. Recuérdese a sí misma que usted es la hija de Dios y que tiene todo lo que necesita para ser dadora de vida.

UN DISEÑO ÚNICO

Sin importar qué otros nombres esté pronunciando Dios sobre nosotras en la actualidad, no debemos renunciar a los nombres que Él nos dio inicialmente. Desde el principio, usted y yo fuimos diseñadas de manera única para concebir, llevar, dar a luz y nutrir vida. Podemos llevar belleza, esperanza y consuelo en situaciones y circunstancias. Podemos pronunciar vida donde hay muerte. Esperanza donde hay desesperación. E, independientemente de cuántos hijos biológicos tengamos (y aunque no los tengamos), podemos tener un sinnúmero de hijos espirituales.

. . . .

Quiero que mi hija acepte el nombre que
Dios le dio y que crea que su género es
una bendición y no una maldición. Yo
quiero que usted también lo crea.

. . . .

A través de los siglos, nuestro enemigo y nuestra cultura han lanzado golpes malévolos contra nuestro género al enseñarnos que las mujeres son fatales. Hemos permitido a nuestros temores e interpretaciones erróneas que justifiquen el estar de acuerdo con Satanás; y hemos olvidado nuestro verdadero propósito y capacidad. Como resultado, nos volvemos unas contra las otras y contra nuestros propios hijos, tanto biológicos como espirituales. Matamos el fruto de nuestro vientre. Rechazamos la fuerza de nuestro nombre, perpetuamos las mentiras de nuestro enemigo y prolongamos la guerra entre nosotras.

Este es el estándar cultural de la feminidad en la actualidad. Este es el despliegue publicitario con el que nosotras, y nuestras hijas, luchamos diariamente.

En el pasado, había creído algunas mentiras y etiquetas que me hicieron comportarme como si estuviera avergonzada del nombre *mujer*. Pero ya no más. Ya no puedo quedarme de brazos cruzados y permitir en silencio que la cultura en que vivo ponga vergüenza sobre mí o sobre las mujeres a mi alrededor. Quiero que mi hija acepte el nombre que Dios le dio y que crea que su género es una bendición y no una maldición. Yo quiero que usted también lo crea.

• • • • •

PREGUNTAS PARA REFLEXIONAR

+ ¿En qué maneras le ha permitido a nuestra cultura formar sus opiniones acerca de las mujeres? ¿Qué hay acerca de sus opiniones sobre sí misma?

+ ¿Qué etiquetas ha permitido que el enemigo le ponga a usted? Pídale a Dios que le revele esas cosas.

+ La definición bíblica de una *atadura* es todo lo que esté en desacuerdo con la opinión de Dios (2 Corintios 10:3-5). Las etiquetas que usted identificó, ¿están de acuerdo con la opinión que Dios tiene de usted?

+ Tome un tiempo para hablar con Dios de Su opinión acerca de usted. Lea nuevamente la lista de nombres en las páginas 42 y 43 ¿Cuáles sobresalen? ¿Cuáles repercuten en su corazón? Pídale a Dios que haga resaltar las que

Él quiere decirle. Permítale declarar esos nombres sobre usted, y, tal vez, ¡hasta algunos otros que no están en esa lista!

"Así que Dios creó a los seres humanos a su propia imagen. A imagen de Dios los creó; hombre y mujer los creó" (Génesis 1:27).

En Génesis 3, el enemigo no solamente robó la posición de Eva en el huerto, también trató de robarle la imagen de Dios. Pero el plan original de Dios para ella, y para nosotras, es que seamos portadoras de Su imagen en la Tierra. Lea la siguientes Escrituras acerca de algunas de las características de Dios.

- ◆ Dios es santo: Salmo 77:13, Romanos 12:1

- ◆ Dios es justo: Mateo 6:33, Salmo 51:14

- ◆ Dios es poderoso: Colosenses 2:2

- ◆ Dios es bello: Salmo 27:4

Ahora, pase un tiempo con Él y pídale que le revele en qué se parece usted a Él en esas áreas. ¡Usted ha sido hecha a Su imagen!

"Y los bendijo Dios con estas palabras: '¡Reprodúzcanse, multiplíquense, y llenen la tierra! ¡Domínenla! ¡Sean los señores de los peces del mar, de las aves de los cielos, y de todos los seres que reptan sobre la tierra!'".

GÉNESIS 1:28, RVC

"A través de los siglos, nuestro enemigo y nuestra cultura han lanzado golpes malévolos contra nuestro género al enseñarnos que las mujeres son fatales. Hemos permitido a nuestros temores e interpretaciones erróneas que justifiquen el estar de acuerdo con Satanás. Y, hemos olvidado nuestro verdadero propósito y capacidad". (Pág. 43)

Piense en el párrafo de arriba. ¿Cuál es el plan de Dios para las mujeres? ¿Cuál es el plan del enemigo?

Dios no solamente desea que nosotras como mujeres, seamos dadoras de vida, sino que extendamos Su vida ¡por todo el mundo!

Capítulo 3

Los estragos de la guerra

MUJERES CONTRA MUJERES, CONDUCE HACIA LA MUERTE

· · · · ·

El hace habitar en familia a la estéril, que
se goza en ser madre de hijos. Aleluya.
Salmo 113:9 (RVR1960)

La guerra pone a todos en riesgo. Aunque podamos mostrar una fortaleza increíble y resistencia en batalla, el conflicto nos expone a un sinnúmero de riesgos y consecuencias. Algunos de los más obvios son: muerte, heridas, desplazamiento y separación de familias. En adición a estas amenazas contra individuos, la sociedad entera sufre una destitución general y deja a muchos sin más opción que defenderse a sí mismos. No puedo pensar en muchas cosas más traumáticas que estar atrapada en un ambiente hostil día tras día, desesperada por protegerme de las consecuencias de la guerra.

Esto sucede no solamente en el conflicto armado, sino también en la batalla por nuestro género. Dada la vulnerabilidad de las mujeres ante las mentiras del enemigo, usted y yo tenemos que estar conscientes de los estragos de la guerra a nuestro alrededor para que podamos protegernos a nosotras mismas y a quienes son más vulnerables aún: nuestros hijos.

Muchas de nosotras sufrimos un gran dolor emocional como resultado de la forma en que otras mujeres nos han tratado. Si somos sinceras, nosotras también nos hemos comportado de manera despreciable en ocasiones. Hemos reaccionado desde nuestra propia vulnerabilidad, atacándonos verbalmente unas a otras. Lo que nos queda es una falta general de confianza en otras mujeres, aún de aquellas con quien debemos ser más cercanas: madres, hermanas, amigas, etc. Crecemos despreciando nuestro género, hiriéndonos unas a otras con nuestras expectativas irrealistas y aislándonos a nosotras mismas de relaciones significativas entre mujeres.

Veamos algunas cosas ocultas que contribuyen a este problema para que podamos descubrir lo que podemos hacer acerca de ello.

Como yo lo veo, existen dos razones primordiales por las que las mujeres están en guerra unas contra otras:

1. Satanás nos odia. Debido a que hay una guerra continua entre el enemigo y nosotras, él constantemente moviliza oportunidades para que dudemos de las intenciones de la otra persona. Si no conocemos la verdad acerca de quiénes somos y de nuestro llamado, seremos víctimas de sus planes.

2. Consistentemente, nos hemos herido unas a otras. Algunas veces, en el calor de la batalla, usted puede confundirse acerca de quién es el enemigo y quién es su aliada. Pensando que está defendiendo su propio territorio y, en su justo derecho, atacando lo malo, usted golpea a aquellos que están de su parte. No solo eso, sino que aquellas que deberían apoyarnos, con frecuencia, están repartiendo sus propias heridas dolorosas. Mientras más luche contra su propio clan, más intensa será la batalla y más turbio su pensamiento. Sabemos que hay una guerra, pero hemos sido engañadas acerca de quién es *realmente* nuestro enemigo.

. . . .

Muchas de nosotras sufrimos un gran dolor
emocional como resultado de la forma
en que otras mujeres nos han tratado.

. . . .

Recientemente, mi amiga Amy, había tenido una experiencia con una mujer que había sido herida por la batalla por la feminidad. Iba en un autobús hacia un retiro y se sintió un poco nerviosa porque nunca había hecho algo así. Ella no conocía a las otras participantes y no estaba segura de qué podía esperar.

Durante el viaje, ella tocó el hombro de una bella mujer cerca de ella y le preguntó: "¿A qué hora almorzamos?". La mujer le respondió bruscamente, sin molestarse siquiera en hacer contacto visual. *Eso fue cruel*, pensó Amy. *¿Cuál es su problema?*

Por encima, esta joven mujer parecía como que lo tenía todo. Pero a medida que progresó el fin de semana, ella compartió su historia. Amy descubrió que esta mujer había pasado por más angustias en los últimos años de lo que cualquiera podría experimentar en toda una vida. Su propio corazón empezó a suavizarse. Amy sintió mucha compasión por ella, las lágrimas rodaban por su rostro. No podía imaginar sufrir tanto dolor. Finalmente, Amy juntó el valor y se atrevió a acercarse a ella de nuevo. Antes del final del retiro, ellas habían superado su tosco inicio y empezado a formar una amistad.

Cuando usted encuentra alguien que le blandea una espada de dolor o le da una vibra de maldad, vea más allá de la superficie y note que algo está sucediendo en el corazón de ella. Si ella no aparenta tener la habilidad, el deseo o la voluntad de conectarse con otras mujeres, lo más probable es que esté sufriendo los estragos de la guerra.

HERIDAS PROVOCADAS POR MUJERES

¿Alguna vez ha sido forzada en una situación que estaba fuera de su control? ¿Le ha hecho usted un favor a alguien y él o ella le ha menospreciado por eso? ¿Alguna vez ha sido abusada en manos de una mujer estéril y amargada? Yo sí.

La Escritura nos cuenta acerca de muchas mujeres que actuaron de mala manera. Una de las historias más tristes, en mi opinión, involucra a dos mujeres heridas quienes repetidamente se culpaban de su dolor la una a la otra.

Durante años, Sara había escuchado a su esposo, Abraham, contar acerca de su milagroso encuentro con Dios, Quien le prometió que tendría un hijo y llegaría a ser padre de naciones, con numerosos descendientes.

Aunque Sara era bella, adinerada y amada por su esposo, ella era estéril. Sara no podía llevar hijos en su cuerpo físico.

La palabra *estéril* es muy severa. Cuando somos estériles, física, emocional o espiritualmente, luchamos con un torrente de emociones negativas. Con frecuencia, nos sentiremos no solamente tristes o enojadas, sino inadecuadas. Interpretamos nuestra incapacidad de concebir como un defecto de carácter, o peor aún, una consecuencia de pecado. Nos culpamos a nosotras mismas y, posiblemente, hasta concluimos que les hemos fallado a aquellos que amamos. Hasta podríamos pensar que Dios no quiere que seamos madres o dadoras de vida en ningún sentido.

> Sabemos que hay una guerra,
> pero hemos sido engañadas
> acerca de quién es
> *en realidad* nuestro enemigo.

Todas esas son mentiras.

Es el deseo de Dios que usted y yo seamos dadoras de vida, física y espiritualmente. Yo no entiendo por qué la voluntad de Dios no siempre sucede en lo natural durante nuestra vida, pero no estoy confundida con respecto a Su corazón. Dios no habría puesto matrices en nuestros cuerpos si Él no deseara que esas matrices dieran vida.

Dios tiene gracia y esperanza ilimitada para aquellas que se encuentran en esta situación. Una maravillosa promesa para las mujeres estériles se encuentra en Isaías 54:1-3 (NVI):

> *"Tú, mujer estéril que nunca has dado a luz, ¡grita de alegría! Tú, que nunca tuviste dolores de parto, ¡prorrumpe en canciones y grita con júbilo! Porque más hijos que la casada tendrá la desamparada —dice el Señor—. Ensancha el espacio de tu carpa, y despliega las cortinas de tu morada. ¡No te limites! Alarga tus cuerdas y refuerza tus estacas. Porque a derecha y a izquierda te extenderás; tu descendencia desalojará naciones, y poblará ciudades desoladas".*

Dios hace una promesa significativa en este pasaje. Él dice que en los lugares donde seamos estériles, Él nos dará hijos espirituales. Aun si su matriz natural no funciona adecuadamente, eso no significa que usted no pueda ser lo que Dios le ha llamado a ser. De hecho, una mujer que es físicamente estéril, con frecuencia siente el llamado de ser madre con más pasión que una mujer con hijos en sus brazos. Verá, frecuentemente, que en nuestra área de escasez, se encuentra un deseo profundo. Ese deseo es incrementado y fortalecido porque es una capacidad dada por Dios con el propósito de producir fruto.

La mayoría de nosotras podría identificar a alguien que ha luchado con el dolor de la infertilidad. Pero si pudiéramos ver las matrices espirituales de unas y otras, creo que nos sorprenderíamos. Muchas mujeres andan por ahí con sus matrices dormidas y vacías. Este no debería ser el caso. Nuestras matrices espirituales no son obstaculizadas por nuestra edad, ciclos mensuales o enfermedad. Siempre están abiertas y listas para recibir lo que Dios está listo para impartir.

El fruto de nuestras matrices espirituales es tan poderoso que puede revertir lugares desolados y hasta restaurar familias enteras. Si decidimos escoger regocijarnos, aun en nuestro dolor, y luego extendernos más allá de nuestras limitaciones, veremos descendientes en todas partes.

SARA

Cuando Sara enfrentaba su esterilidad y se hacía mayor dejando atrás sus años reproductivos, encontró cada vez más difícil creer que la promesa de Abraham acerca de numerosos hijos posiblemente no aplicaba para ella. Concluyendo que Dios debía tener alguna otra mujer en mente, ella se volvió a la práctica cultural común de su tiempo y ofreció a su sierva, Hagar, como madre sustituta.

Sara se dio por vencida en la espera de ver si el llamado que Dios había puesto sobre Abraham la incluiría a ella y, voluntariamente, renunció a su posición. Más que eso, ella forzó a otra mujer a cumplir la promesa que era para ella.

A medida que el vientre de Hagar crecía, así también crecía la inseguridad de Sara. Ella empezó a tener una guerra con Hagar. Sara fue con Abraham y le exigió que hiciera algo acerca de la esclava. Pero él no tenía idea alguna de cómo resolver la pelea entre estas dos mujeres. Como consecuencia de su amargura, celos y aflicción, Sara descargó su dolor y frustración sobre Hagar, abusando de ella severamente. Aparentemente, Hagar le devolvió el favor, menospreciando a Sara.

. . . .

Aun si su matriz natural no funciona adecuadamente, eso no significa que usted no pueda ser lo que Dios le ha llamado a ser.

. . . .

El odio entre estas dos mujeres llegó a ser tan intenso que Hagar no vio otra salida que huir. Embarazada y denigrada, dejó su comunidad, su familia y su hogar y se fue al desierto donde enfrentó un sinnúmero de kilómetros de área despoblada y casi una muerte segura.

Dios encontró a Hagar en el desierto, le consoló y le dio esperanza. También le instruyó que regresara. El encuentro en el desierto tiene que haber sido profundo, ya que Hagar obedeció a pesar del hecho de que no había un cambio real en su circunstancia. Más adelante, cuando ella hubo llevado en el vientre a un hijo de Abraham, tal como su ama le había instruido, Sara rechazó tanto a Ismael como a su madre.

Esta historia me duele en muchas formas. Detesto que las mujeres a veces sean estériles. Odio que con frecuencia estemos tan desesperadas de hacer que nuestra profecía profética suceda que tomamos la situación en nuestras manos. Detesto que enlistemos a la gente al servicio de nuestros intereses. Odio que las mujeres le hagan la guerra a su propio género y lleguen a despreciarse unas a otras.

PROGRESIÓN DEL DOLOR

Muchas de nosotras estamos atrapadas en las secuelas de la guerra. Hemos experimentado heridas tan horrendas y visto tanto daño masivo en las relaciones que sufrimos de una forma del trastorno de estrés postraumático. Hay un tono monótono, indiferente en nuestras vidas. Luchamos con una cantidad de consecuencias difíciles de definir como:

depresión, ansiedad, temor y agitación. Las situaciones similares a nuestras experiencias pasadas en el campo de batalla, nos sacan de nuestras casillas fácilmente. Es posible que nos recuperemos de nuestras heridas externas, pero el daño hecho en nuestras almas continúa acosándonos.

Sin importar el origen de nuestras cicatrices de batalla, estas tienen un efecto profundo en nuestras vidas. Crean lugares de escasez en nuestras almas. Si las heridas se quedan sin sanar, experimentaremos una progresión del dolor que nos incapacita para recibir y dar amor.

Así es como veo esta progresión del dolor que le sucede a las mujeres:

1. Experimentamos una especie de muerte emocional (esterilidad). Perdemos nuestra capacidad de nutrir a otros, algunas veces hasta a nuestros propios hijos, porque nosotras mismas no hemos sido nutridas. Nuestro dolor es tan intenso que perdemos nuestra perspectiva de largo plazo. Nos enfocamos solamente en lo que podemos hacer para aliviar nuestro sufrimiento.

· ·

Muchas de nosotras estamos atrapadas en las secuelas de la guerra. Hemos experimentado heridas tan horrendas y visto tanto daño masivo en las relaciones, que sufrimos de una forma del trastorno de estrés postraumático.

· ·

El problema es que si nos rehusamos a sentir dolor, también seremos incapaces de sentir gozo. Nuestras emociones naturales se vuelven insípidas porque ningún extremo es permitido.

Creo que esta condición está directamente relacionada con el aumento masivo del aborto en nuestra generación. Como cultura, no estimamos el valor y el potencial de nuestra descendencia. Sino que consideramos a nuestros bebés como una maldición, y al sobreproteger sus destinos estamos priorizando el alivio de nuestro dolor y la conveniencia de nuestras necesidades y nuestras preocupaciones. Cuando extinguimos físicamente nuestra capacidad de dar vida, nuestras matrices espirituales se adormecen también. Cooperamos con los planes del enemigo cuando tomamos los asuntos en nuestras propias manos, descartamos la vida, las nuevas relaciones y los sueños nuevos antes que tengan la oportunidad de crecer.

1. Si nuestras heridas quedan sin sanar, crece la inseguridad. Nos vemos a nosotras mismas, y a otras, desde una perspectiva inapropiada. Carentes de amor, nos volvemos rudas, temerosas y con tendencia al chisme. Debido a que no queremos ser rechazadas, nos aislamos de la amenaza percibida: otras mujeres. Nos volvemos autónomas e independientes, pensamos que no "necesitamos" a nadie. Y aceptamos a los hombres de manera inapropiada, usando nuestro atractivo sexual como una manera para establecer una relación. Este acercamiento a los hombres confirma la actitud de que las mujeres son objetos de uso. Como efecto secundario, el abuso y el acoso sexual son tolerados.

2. Ahora, nuestra capacidad inherente de nutrir se canaliza equivocadamente. Ya que pensamos que solamente podemos confiar en nosotras mismas, abrirnos a otra persona para pedir ayuda o amor, especialmente a una mujer, parece atemorizante y riesgoso. Este tipo de vulnerabilidad que hemos desarrollado es contrario a las herramientas para sobreponernos. En el intento de llenar el vacío en nuestros corazones, agobiamos a nuestros hijos y tratamos maternalmente a nuestros hombres. Nuestros hijos se sienten más sofocados que amados, de manera que se vuelven rebeldes y exigen su independencia. El esposo rechazará ser tratado maternalmente, ya sea volviéndose pasivo en la relación o portándose de alguna manera para demandar el respeto que necesita. Debido a que no sabemos cómo guiar apropiadamente a nuestras familias con gracia, optamos por controlar y manipular.

3. El resultado final es una larga cadena de relaciones rotas, tanto con hombres como con mujeres. Carecemos de la salud emocional y habilidades relacionales para vencer esos tumbos. Pareciera más fácil renunciar y seguir adelante que restaurar las relaciones dañadas. Rechazamos las fortalezas de

nuestro género y nos volvemos masculinas en nuestro pensamiento y la forma en que abordamos la vida. Como producto de sus heridas y desconexión, algunas mujeres van tan lejos en el rechazo de su feminidad que pervierten los dones sexuales divinos y mantienen un estilo de vida homosexual para recibir y dar amor.

EL CAMINO A LA RECUPERACIÓN

Para vencer este patrón de dolor, usted y yo debemos deponer nuestras armas carnales de temor, autodefensa y odio, y tomar algunas armas de justicia que son efectivas para vencer las mentiras y heridas de nuestro verdadero enemigo.

> *Pues aunque vivimos en el mundo, no libramos batallas como lo hace el mundo. Las armas con que luchamos no son del mundo, sino que tienen el poder divino para derribar fortalezas. Destruimos argumentos y toda altivez que se levanta contra el conocimiento de Dios, y llevamos cautivo todo pensamiento para que se someta a Cristo.*
>
> 2 Corintios 10:3-5, nvi

Si usted ha sido profundamente lastimada por otra mujer, usted puede encontrar difícil el imaginar cómo podría, alguna vez, superar el dolor de su pasado. Tal vez, en realidad usted ni siquiera quiere hacerlo. Tal vez, usted no tenga el deseo por relaciones saludables con otras mujeres. Pero déjeme animarle a permitir que su dolor sea un catalizador para el cambio.

• •

Para vencer este patrón de dolor, usted y yo debemos deponer nuestras armas carnales de temor, autodefensa y odio, y tomar algunas armas de justicia que son efectivas para vencer las mentiras y heridas de nuestro verdadero enemigo.

• •

En lugar de rechazar a otras mujeres, ¿por qué no usar sus armas de justicia (las cuales tienen inmenso poder), contra el verdadero enemigo y ver a Dios demoler las fortalezas de su dolor?

Empiece por involucrarse en un cuerpo de creyentes dadores de vida, de su localidad, donde pueda recibir verdad, ánimo, consuelo y seguridad. Aquí es donde usted puede empezar a cambiar su forma de pensar. Será desafiada a intercambiar algunas mentiras por la verdad, a dejar de pelear contra sus hermanas y a empezar a redirigir su fuerza contra la guerra verdadera. Encuentre un grupo pequeño de chicas solidarias, o hasta una mujer espiritualmente madura que pueda caminar con usted en esta jornada.

. . . .

**Cuando puede identificar la propaganda,
las etiquetas y las mentiras,
usted está lista para seguir adelante.**

. . . .

Si no puede encontrar ninguna de las opciones, pídale a Dios que la nutra. Permita que Él sea su mentor. A medida que camina con Jesús, Dios podría hasta hacerla de nuevo. Conforme Él sane las heridas de su pasado, usted empezará a extender gracia a los demás y comenzar a construir una actitud saludable hacia las mujeres.

Con este sistema de soporte en su lugar, usted puede empezar su camino a la recuperación siguiendo estos pasos:

Paso 1: *Reconozca que ha estado luchando contra sus propias hermanas.*

No permita que su dolor le impida ser honesta sobre dónde ha sido transgredida, ignorada, traicionada o herida por mujeres. Simplemente porque usted tal vez no quiera luchar, no significa que no haya estado involucrada en la guerra. Haga una lista de sus ofensoras, y ore por ella. Deje que Dios le muestre por dónde quiere empezar su sanidad.

Paso 2: *Identifique las mentiras.*

Reconozca los patrones de pensamiento absurdos y dañinos que resultaron de sus experiencias dolorosas, incluyendo las mentiras que, para empezar, podrían haber abierto la puerta para este tipo de herida. Cuando puede identificar la propaganda, las etiquetas y las mentiras, usted está lista para seguir adelante.

Paso 3: *Identifique la verdad.*

Poseemos muchas armas para ayudarnos en esta guerra, pero la verdad es una de las más importantes y poderosas. Escudriñe la Palabra de Dios buscando Sus opiniones, Sus propósitos y Sus promesas. Rodéese a sí misma con las Escrituras acerca de quien usted es y lo que Dios dice de usted. Satúrese en la oración, alabanza y adoración. Pídale a Él que le hable verdad y luego escuche Su respuesta.

Paso 4: *Deje que las verdades que ha identificado cambien lo que usted cree y, con el tiempo, formen nuevas maneras de pensar, sentir y reaccionar.*

Sea paciente consigo misma. La verdad es como una semilla. Tiene que nutrirla, cuidarla y esperar a que produzca fruto. Anote los cambios que vea en su corazón. Y no se desanime en su periodo de restauración. Pronto verá los resultados.

Paso 5: *Ármese de valor y haga algo diferente.*

Rompa con las relaciones dañinas. Empiece a reparar relaciones potencialmente positivas. Establezca límites saludables que le ayuden a determinar anticipadamente lo que sí y lo que no va a admitir. Desarrolle anticipadamente algunas respuestas para cuando reciba golpes mal intencionados en el futuro de manera que esté preparada para ser diferente.

· ·

La verdad es como una semilla. Tiene que
nutrirla, cuidarla y esperar a que produzca fruto.

· ·

PUEDE PASARNOS

Al igual que Sara, algunas veces pensamos que si no hacemos algo respecto a nuestra esterilidad, nunca será resuelta. Así que, sin siquiera pedirle a Dios que dirija nuestros pasos, nos hacemos cargo de la situación. Implementamos soluciones que nos parecen coherentes, pero que crean caos en nuestros hogares y familias. Nuestros intentos de ser fructíferas solamente producen Ismaeles y sueños abortados. Así que nuestros corazones se van decepcionando. Renunciamos a la esperanza. Perdemos nuestra fe. Y nuestra vida se vuelve más estéril.

Estos son los estragos de la guerra con un enemigo que es astuto y sutil.

Usted no tiene que permitir que los lugares estériles le produzcan amargura. Aun de sus heridas más grandes, Dios puede hacer que usted sea fructífera y reproduzca. Despierte sus sueños, sus pasiones y su capacidad para dar vida. El Señor habla a las cosas que usted creyó muertas. Él llama a vida los sueños que usted ha abandonado, dejado a un lado u olvidado. Cuando usted escoge creer a Dios, aún en desde su esterilidad, Él podría simplemente hacer nacer algo nuevo por medio suyo.

• • • • •

PREGUNTAS PARA REFLEXIONAR

Describa una vez cuando otra mujer la lastimó. Después de leer este capítulo e identificar el plan secreto que Satanás tiene en nuestra contra, ¿cómo cambia su perspectiva sobre ese evento o período?

EL CAMINO A LA RECUPERACIÓN

Si usted se encuentra como una "guerrera herida", hay gracia y esperanza para usted. Lleve esos lugares heridos a Dios y permítale hablar vida donde hubo muerte. Andemos juntas este camino de recuperación.

Paso 1: *Reconozca que ha estado luchando contra sus propias hermanas.*

El perdón es un sanador poderoso. Cuando soltamos a aquellos que nos han herido, no solamente las liberamos a ellas, sino que nos liberamos a nosotras mismas de ser responsables por esa persona. Cuando nos aferramos a la ofensa y la falta de perdón, le damos a esa persona poder sobre nuestros pensamientos, nuestros sentimientos y, a veces, sobre nuestros cuerpos. Se dice que la falta de perdón es como tomar veneno esperando que la otra persona muera. ¡Eso solamente trae muerte y destrucción!

Admita que ha sido lastimada. Pídale a Dios que le muestre esas áreas heridas. Haga una lista de sus ofensoras. Llévela ante el Señor, y pídale que le ayude a perdonarlas.

Paso 2: *Identifique las mentiras.*

Cuando estamos heridas, con mucha frecuencia, llegamos a creer cosas sobre nosotras y otras personas que no son verdaderas, son mentiras. Luego, vivimos como si esas mentiras fueran verdad, formando nuestro comportamiento y dando color a todas nuestras relaciones, viendo todo a través del filtro de esas mentiras.

> *Padre, ¿qué mentiras he creído como resultado de estos golpes y heridas? (Espere Su respuesta). ¿Qué he creído acerca de otras mujeres? ¿Acerca de mí? Estoy de acuerdo, yo he aceptado esas cosas. ¡Lo siento mucho! ¿Me perdonas? (Deje que Él responda. ¡A Él le encanta perdonarnos! Primera Juan 1:9)*

Paso 3: *Identifique la verdad.*

¡Dios quiere decirle la verdad sobre esas cosas! Su verdad sana los lugares rotos en nuestra vida, libertándonos. (Juan 8:32)

Dios, ¿cuál es la verdad sobre_____?

Nombre la mentira que Él le mostró.

Ahora, espere. Deje que Él hable. Y luego acepte la verdad que Él le muestra. Dígalo en voz alta. Escríbala. ¡Declárela!

Paso 4: *Deje que las verdades que ha identificado cambien lo que usted cree y que, con el tiempo, formen nuevas maneras de pensar, sentir y reaccionar.*

Algunas veces, toma algún tiempo. Vuelva y lea lo que Dios le dijo. Dígalo en voz alta nuevamente. Y cuando esas áreas dolorosas regresen, ¡recuérdeles lo que Dios le dijo a usted! ¡La verdad le hará libre!

Paso 5: *Ármese de valor y haga algo diferente.*

Cuando empezamos a entender nuestras propias heridas y que otras también pueden tenerlas, podemos influenciar nuestras relaciones para bien. Podemos identificar relaciones dañinas, reparar las que han sido heridas y aprender a colocar límites saludables.

- ¿Cuáles son algunas maneras donde usted puede hacer cosas de forma diferente con las mujeres en su vida?
- Enumere algunas relaciones que usted sabe que podrían necesitar un poco de atención. ¿Cómo puede hacer cosas de manera diferente?

SI USTED ESTÁ ESTÉRIL...

La esterilidad es una condición dolorosa, ya sea en su vida espiritual o en su cuerpo. Su plan es que usted sea una dadora de vida, en todas las formas. Si usted ha identificado un área donde se siente estéril, llevémosla ante Él. Su matriz, tanto la espiritual como la natural, fue inicialmente diseñada para dar vida.

Escuchar a Dios hablar produce vida. Cuando Él habla los planetas son creados y el sol da luz, (Génesis 1). Llévele a Él esas áreas estériles.

Padre, te necesito. Estoy estéril y sin vida sin Ti. Te traigo esos lugares diseñados para producir vida que aún no lo han hecho. Te pido que vengas y toques esos lugares. ¡Habla vida sobre mí!

Dios, ¿qué quieres decirme acerca de_____?
Nombre el lugar estéril. Escriba en su cuaderno lo que Él le dijo.

Capítulo 4

La batalla interna

EXPONER LA LUCHA ENTRE FAMILIA Y AMIGAS

• • • • •

Así que, queriendo yo hacer el bien,
hallo la ley de que el mal está presente en mí.
Porque en el hombre interior me deleito con la
ley de Dios, pero veo otra ley en los miembros
de mi cuerpo que hace guerra contra la ley de mi
mente, y me hace prisionero de la ley del pecado
que está en mis miembros. ¡Miserable de mí!
¿Quién me libertará de este cuerpo de muerte?
ROMANOS 7:21-24 (LBLA)

Es lo suficientemente malo estar en guerra con un enemigo legítimo y tener una causa justa, una clara definición de la victoria y una voluntad para ser parte de una revolución de paz.

Pero cuando la batalla que libramos está dentro de nosotras o de nuestras familias, se vuelve especialmente brutal.

Todas tenemos gente en nuestras vidas que parecen como espinas en nuestros costados, causándonos frustración continua. Cuando esas "espinas" son extraños, conocidos o familiares distantes, podemos lidiar con ellos por cortos periodos de tiempo. Pero cuando la gente que más dolor nos causa en nuestras vidas están cercanas a nosotras, no podemos simplemente irnos si no nos caen bien o si hemos sido heridas por ellas. Algunas veces, pareciera como si los peores campos de batalla fueran dentro de nuestras propias familias.

La manera en que las familias interactúan y se tratan unos con otros es una dinámica poderosa. Con frecuencia, nuestros padres nos crían de forma muy parecida a la que ellos fueron criados, sin dar nunca mucha atención al significado del comportamiento de la familia. Ya que con lo que crecimos es todo lo que hemos visto o conocido, tendemos a repetir lo que nos es familiar, muchas veces, pasando los ciclos de temor, inseguridad, aislamiento y comparación a nuestros hijos. Cuando esos patrones generacionales de comportamiento hiriente se combinan con una atmósfera cultural que presenta negativamente a las mujeres y las relaciones entre ellas, tenemos una "supernova" de fuerzas poderosas trabajando contra todo nuestro género.

. . . .

Algunas veces, pareciera como si
las peores batallas fueran dentro
de nuestras propias familias.

. . . .

Este traslado de patrones generacionales no es algo nuevo. Ha estado sucediendo desde que existen las familias.

TODO QUEDA EN FAMILIA

En el libro de Génesis, leemos acerca de una familia muy llena de engaño y manipulación, podríamos ser tentados a pensar que son diferentes a nosotros o hasta que merecían los problemas que tenían. Para poder ayudarle a entender la complejidad de la trama, voy a darle un repaso de cada actor en este drama. Se lee como un libreto de un *reality show* moderno.

Isaac—el Padre

El hijo de la promesa, que Sara finalmente le dio a Abraham en su edad avanzada, creció en una familia llena de conflicto, junto con su medio hermano, Ismael, y la mamá de Ismael, Hagar.

Cuando llegó el tiempo en que Isaac debía casarse, Abraham envió a un sirviente a la tierra donde nació para escogerle una esposa pues no quería que Isaac se casara con una de las chicas de la localidad. El sirviente hizo según fue instruido y encontró a Rebeca, una virgen sorprendentemente bella quien mostró un corazón de servicio al ofrecer sacar agua del pozo para él y para todos sus camellos. La elección fue confirmada cuando el sirviente supo que Rebeca era pariente de Abraham.

Cuando el hermano de Rebeca, Labán, vio las joyas y los camellos que tenía el siervo, él lo recibió con mucho ánimo. Al conocer el propósito de su viaje, Labán cerró el trato rápidamente, y Rebeca se fue con el siervo a conocer a su futuro esposo.

Isaac y Rebeca se casaron y, luego de un tiempo de esterilidad, tuvieron dos hijos: Esaú y Jacob. Estos gemelos nacieron con una diferencia de pocos minutos y el conflicto entre ellos empezó antes de salir del vientre.

Cuando los jóvenes tenían edad suficiente para casarse, Isaac no siguió el ejemplo de su padre y les ayudó en escoger mujeres de su linaje. En lugar de eso, él dejó esta decisión importante a discreción de ellos. Como resultado, Esaú se casó con mujeres de la tribu hitita, enemigos de sus ancestros. Sus esposas trataron a sus padres con desprecio, agresión, odio y egoísmo. "Ellas resultaron ser las espinas en los costados de Isaac y Rebeca" (Génesis 26:35, TLA).

Rebeca—la madre

Cuando Rebeca estaba embarazada, Dios le dijo que ella tendría gemelos varones y que el mayor serviría al menor. Cuando Esaú y Jacob crecieron, Rebeca se dio a la tarea el hacer que esta profecía se cumpliera, muy parecido a lo que su suegra, Sara, hizo con Hagar. Aparentemente, ella prefería a Jacob y lo animó, siendo el hijo menor, a engañar a su padre, Isaac, para tratar de robar la bendición del primogénito, la cual pertenecía a Esaú.

Esaú—el hermano mayor

Esaú era un hombre fuerte y cazador, quien frecuentemente dejaba el campamento para ir a cazar alimento para la familia. Él estaba emocionalmente desconectado de su mamá, era el preferido de su padre y tontamente se dejaba llevar por sus instintos. Al regresar de un viaje de cacería, particularmente hambriento, escogió entregar sus derechos de nacimiento a Jacob a cambio de un plato de sopa, sin detenerse, en ningún momento, a considerar las consecuencias de sus acciones. Cuando se dio cuenta que había sido despojado de su herencia con engaños, estaba furioso.

Jacob—el hermano menor

Después de engañar a su padre y aprovecharse de su hermano, Jacob huyó a la tierra de sus ancestros, en parte, para escapar de Esaú, cuya ira se encendía en su contra por la traición que él y su madre habían llevado a cabo. En el pueblo natal de su abuelo, Abraham, fue a un pozo y vio a una virgen asombrosamente bella (¿le suena conocido?). Se enamoró de ella al instante. Siguiendo los pasos de su madre, Rebeca, Jacob dio agua a todas las ovejas de Raquel. Luego le dijo lo milagroso que había sido encontrarla.

Raquel corrió a decírselo a su padre, Labán, el mismo hombre que arregló el matrimonio de su hermana, Rebeca, para que se casara con Isaac. El tío de Jacob, Labán, lo recibió cálidamente en su casa y se lo presentó a su hija mayor, Lea. Pero Jacob solo tenía ojos para Raquel.

Cuando descubrió cuán profundamente enamorado estaba este joven hombre de su hija menor, Labán hizo un trato con él. Jacob accedió a trabajar durante siete años a cambio de la mano de Raquel en matrimonio. Él estaba tan enamorado de ella que los años le parecieron como unos cuantos días.

Labán—el suegro

Durante siete años, Labán dejó que Jacob trabajara a cambio de su hija menor, sabiendo muy bien que él tenía la responsabilidad de buscar un esposo para su hija mayor primero. Pero mientras Jacob trabajaba para ganar la mano de Raquel, él se dio cuenta que Lea se enamoraba de este hombre que no le pertenecía. Así que, Labán, cocinó un plan. Y persuadió a Lea a participar en él.

Al concluir la ronda laboral de siete años de Jacob, el día en que finalmente se casaría con su amada Raquel, Lea se cubrió con velos gruesos para ocultar su verdadera identidad y permaneció junto a él como su novia. Esa noche, ella durmió con él sin revelar su identidad. El pacto estaba sellado. No había anulación para Jacob.

Cuando el engaño salió a luz, Raquel y Jacob estaban furiosos...con todo el derecho. Viendo el enojo de su hermana y en el hombre que ella esperaba la desearía una vez le hubiera hecho el amor, Lea estaba mortificada y profundamente herida.

En lugar de conformarse con la esposa con la que le habían casado por engaño, Jacob hizo un segundo trato con su escurridizo tío, Labán. Después de pasar la semana de luna de miel obligatoria con Lea, él inmediatamente se casó con Raquel, también, y se comprometió a trabajar otros siete años por ella.

LA BATALLA DE LAS ESPOSAS HERMANAS

En este punto de la historia, usted puede sentir el dolor emocional y la devastación de esta familia. Los patrones generacionales de esterilidad, engaño, traición, ira y manipulación son casi tangibles.

Las primeras "esposas hermanas", Raquel y Lea pasaron toda su vida adulta encerradas en una pelea por la atención y el amor del mismo hombre. No sabemos si estas dos hermanas tenían algún resentimiento serio entre ellas antes de que llegara Jacob. Pero usted puede apostar que ellas intercambiaron un gran montón de palabras mordaces a partir de ese momento.

"Yo lo tuve antes que tú".

"Sólo porque tú y papá lo engañaron".

"Yo soy su primera esposa".

"Sí, bueno, yo soy a quien realmente ama".

Y Jacob, quien engañó tanto a su padre como a su hermano, era ahora la víctima de la mentira.

Lea—la primera esposa

Aunque Lea sabía que el afecto de Jacob era por su hermana, ella deseaba desesperadamente que Jacob llegara a amarla, a pesar del hecho de que ella había escogido cooperar con Labán en el engaño para que se unieran. En lugar de eso, Jacob se desconectó emocionalmente de ella. La combinación de culpa, decepción y rechazo era dolorosa. Aun así, Dios vio a Lea en medio de este caos y tuvo compasión de ella.

"Y vio el SEÑOR que Lea era aborrecida, y abrió su matriz".

—GÉNESIS 29:31, JBS

¡Vaya si lo hizo! Lea dio a luz cuatro varones en rápida sucesión. Podemos notar por los nombres que ella les puso que Lea amaba a Jacob desesperadamente y anhelaba su aprobación, atención y afecto. Ella tenía la esperanza de que Jacob la amara a causa de estos niños (versículos 33-35). El primer hijo se llamaba Rubén, que significa: "es un varón". Después de su nacimiento, Lea dijo: "ahora, mi marido me amará".

El segundo hijo fue Simeón, que significa, "Dios oyó".

Leví significa "unir". Luego de su nacimiento, Lea dijo: "Ahora mi marido se unirá a mí".

No fue sino hasta el nacimiento de su cuarto hijo que Lea cambió su deseo por Jacob por un deseo por Dios. Su nombre fue Judá, lo que significa "Alabado sea Dios".

Después de eso, dejó de tener hijos por mucho tiempo. ¿Por qué? Aparentemente, Jacob dejó de dormir con ella.

Raquel—la segunda esposa

Mientras su hermana tenía un bebé tras otro, Raquel continuaba estéril. Esta dolorosa incapacidad suya para tener hijos más adelante incrementó la brutalidad de la competencia entre hermanas. Raquel permitió que sus celos tomaran forma de amargura. Finalmente le dijo a Jacob "Dame hijos o moriré" (Génesis 30:1)…como si él tuviera el poder para abrir su matriz.

Raquel estaba tan afligida por su esterilidad que ofreció a su sierva, Bilá, para servir como madre substituta (igual a lo que la esposa de Abraham, Sara, hizo con su sirvienta, Hagar). Bilá tuvo hijos en lugar de Raquel, y sus nombres reflejaron la profundidad de la amargura de Raquel, dirigida de lleno a su hermana (versículos 6-8).

Dan significa "justificación".

Neftalí significa "pelea". Luego de su nacimiento, Raquel dijo: "He luchado con mi hermana y he ganado".

Ya que Lea no parecía ganar el afecto de Jacob, ella respondió a las expresiones de odio de Raquel, ofreciendo a su sierva, Zilpa, como madre substituta. Zilpa tuvo dos hijos: Gad, que significa "afortunado", y Aser, que significa "feliz".

Por un tiempo, nadie en la familia de Jacob tuvo hijos.

Así que Raquel hizo un trato con Lea. A cambio de unas mandrágoras, las cuales se creía que ayudaban a concebir, Raquel le ofreció una noche de intimidad con su esposo.

Me pregunto cómo se sintió Jacob con este intercambio. Aparentemente, él acepto entrar en el trato, porque Lea concibió de nuevo, dos veces. Le dio a Jacob otros dos hijos: Isacar, que significa "canjear", y Zabulón que significa "honor".

Aún después de haber dado a su esposo seis hijos, Lea continuaba anhelando la aprobación y el amor de Jacob. Y aunque tenía el amor preferencial de su esposo, Raquel todavía ansiaba tener un hijo.

"Y se acordó Dios de Raquel, y la oyó Dios, y abrió su matriz" (Génesis 30:22, JBS). Finalmente, después de años de esterilidad y amargura, Raquel quedó embarazada y tuvo un hijo. Lo llamó José, diciendo: "Dios ha quitado mi humillación". Raquel se sintió justificada por el nacimiento de José, pero no estaba satisfecha. Oró por un hijo más, y Dios respondió su petición. Este último hijo, Benjamín (que significa "hijo de esperanza"), entró al mundo a costa de su vida.

PATRONES GENERACIONALES

Si no somos cuidadosos, caeremos inconscientemente en las mismas trampas que Sara, Jacob, Raquel, Lea y Esaú. Manejaremos los desacuerdos con traición, usando la manipulación para salirnos con la nuestras, y hasta anhelaremos el amor que no nos corresponde. Trataremos de forzar a otros en el cumplimiento de nuestros sueños. Si no abrimos los ojos a estos patrones generacionales, continuaremos los ciclos de abuso y dolor sin saberlo.

Mientras crecía, mi papá frecuentemente tenía dos empleos para poderme comprar los uniformes de porrista, las clases de danza y darme regalos especiales. En muchas formas, él era mi héroe; un hombre gentil que me dejó con una fuerte ética de trabajo y muchos recuerdos felices. Sin embargo, él despreciaba tanto el conflicto que lo evitaba a casi cualquier costo. En mis años de adolescente, una especie de discusión sucedió entre él y su mamá y como de la noche a la mañana hubo una ruptura de la relación. Mi padre murió en 2001 sin haber visto una restauración con su madre. Su método de lidiar con relaciones difíciles tuvo un fuerte impacto en mí. Frecuentemente, me descubro tentada a resolver conflictos separándome de la discusión y rechazando a otras personas.

La familia del lado de mi mamá tenía lo que yo llamo relaciones de "amor-odio". Ellos estaban muy emocionados de reunirse, pero luego ¡parecía que no podían esperar a separarse! La atmósfera de la familia de mi mamá era siempre bulliciosa y frecuentemente tensa. Todos tenían altas expectativas de cómo deberían actuar; y por consiguiente, tenían mucha práctica en decepcionarse unos a otros, especialmente las mujeres. Había una vieja historia entre mi abuela y sus hijas, y decían que mi abuelo, en realidad, quería varones. No era que no se amaran entre sí. Ellos simplemente se amaban con rudeza y, en alguna manera, de forma peligrosa.

. . . .

Si no abrimos los ojos a estos patrones generacionales, sin saberlo, continuaremos los ciclos de abuso y dolor.

. . . .

Cuando era una jovencita, frecuentemente prefería ignorar las partes dolorosas de nuestra familia en lugar de esforzarme en vencerlas. Aprendí a temprana edad cómo evitar el conflicto, huir de las conversaciones tensas y a comportarme en maneras que fueran las típicas "complacientes". En los primeros años de mi matrimonio, muchas veces, me aislaba de mi familia, especialmente de mis padres, lidiando con algunas dolorosas heridas de hija. Muchos años pasaron antes de que yo madurara lo suficiente para reconocer mis propias maneras pecaminosas o lo suficientemente valiente para tanto buscar como recibir perdón.

Hace algunos años, me pidieron que escribiera un artículo para la revista de mujeres de *Gateway Church, Studio G*. Escribí acerca de mi visión y anhelo por relaciones saludables entre mujeres. Para ilustrar mis puntos, incluí unos pocos detalles de mi historia personal, incluyendo mis percepciones de las relaciones amor-odio entre las mujeres de mi familia mientras yo crecía.

Cuando mi mamá leyó el artículo, eso hirió sus sentimientos. Descubrir cómo yo recordaba algo de mi niñez y cómo relacionaba ciertos aspectos de nuestra familia, abrió un lugar vulnerable en el corazón de mi mamá y en sus propios recuerdos. Después de todo, una cosa es hablar en privado de las dinámicas de nuestra familia, y otra, escribir acerca de ellas para que todos lo vean.

Cuando mi mamá me dijo cómo la hizo sentir el artículo, me dolió saber que mis comentarios la habían herido. Pero, afortunadamente, eso nos dio una oportunidad para reconocer honestamente algunas cosas que nunca habíamos discutido.

A lo largo de los meses siguientes, empezamos a hablar acerca de algunos de los patrones dolorosos en nuestra familia, incluyendo la forma en que las mujeres se hablaban y relacionaban unas con otras. Entonces, un día, como cuando se levanta la neblina repentinamente, reconocimos que teníamos una inclinación generacional hacia la brusquedad en nuestra familia, especialmente en nuestras relaciones entre mujeres. Tendíamos a ser duras las unas con las otras, rápidas para juzgar y lentas para perdonar. Con el paso de los años, ambas habíamos reaccionado a nuestras experiencias dolorosas en maneras inapropiadas. Ninguna de nosotras quería esto. Nos amamos profundamente y queremos que nuestras acciones, palabras y relaciones reflejen ese amor.

Como resultado de esas discusiones, acompañadas de algunas lágrimas y mucha oración, empezamos a arrepentirnos, a perdonar y reordenar nuestras relaciones, no solo las nuestras, sino todas les relaciones entre mujeres en nuestra familia. Reconocimos nuestro propio pecado y pedimos perdón. Recibimos perdón y también lo otorgamos. El amor empezó a fluir y nuestras relaciones empezaron a sanar.

Una vez reconocimos estos patrones en nuestra línea familiar, nos dimos cuenta que podíamos cambiarlos. Teníamos el poder dentro de nosotras para alterar el curso de nuestro futuro.

Los recuerdos que usted tiene de cómo su familia se relaciona y los patrones de cómo interactúan entre ellos son como un río enorme y profundo. Su historia puede ser una corriente de bendiciones o maldiciones. De cualquier manera, tiene un tremendo empuje.

La única manera de cambiar la corriente de maldición a bendición es construir una represa que intercepte el empuje y desvíe su curso. La primera persona en una línea familiar en hacerlo experimentará una tremenda cantidad de presión. La marea de nuestros patrones generacionales tiende a guiarnos hacia un destino particular, como la fuerza de la corriente de un río. Pero esta persona puede crear un camino para la liberación de legado diferente y la formación de un nuevo patrón.

Una vez reconocimos estos patrones en nuestra línea familiar, nos dimos cuenta que podíamos cambiarlos. Teníamos el poder dentro de nosotras para alterar el curso de nuestro futuro.

El día que mi mamá y yo nos declaramos en contra de esos patrones, empezamos a establecer una nueva dirección para el futuro de nuestra familia. Ella se volvió una constructora de represa de primera generación y, a medida que yo permanecía en oración con ella, me volví la segunda generación. Juntas estamos forjando un camino para que mis hijos sean la tercera generación de constructores de paz y amor. Nosotras no podemos hacer todo el trabajo por ellos, pero ellos ahora tienen una *inclinación* diferente, una que puede desatar las bendiciones que Dios tiene reservadas para ellos y para sus hijos.

Mi mamá mostró gran valentía ese día. Ella pudo haber negado que mis recuerdos eran verdaderos, o tratado de minimizar la importancia de lo que vi en el legado de nuestra familia. En lugar de eso, ella hizo el trabajo necesario para volver una maldición generacional en una bendición generacional. Me considero enormemente bendecida de ser tan amada y haber atestiguado el cambio en la dirección del futuro de mi familia.

Usted puede ser la primera persona en cambiar la corriente de guerra dentro de su familia. Entre al río. Colóquese en la brecha. Ceda al perdón. Luche por la verdad. Entonces, sus hijos y los hijos de sus hijos, tendrán paz.

PREGUNTAS PARA REFLEXIONAR

+ Sara, Rebeca y Raquel tenían promesas del Señor con respecto a sus familias. Aun así, las tres tomaron los asuntos en sus propias manos, y recurrieron al engaño y la manipulación para alcanzar lo que querían. ¿Cómo afectó esto a las generaciones futuras de sus familias?

+ ¿Cómo trató Dios con estas mujeres a pesar de sus faltas?

+ ¿Qué patrones generacionales ha observado usted en su propia familia?

+ Pídale a Dios que le ayude a identificar algunas relaciones en su familia que pudieran necesitar sanidad. ¿En qué forma está involucrada en esas relaciones? ¿Hay algunas maneras en que pueda empezar a cambiar la tendencia en su propia familia?

+ Algunas de nuestras relaciones más cruciales son con otras mujeres en nuestra propia familia. *"Cuando mi mamá leyó el artículo, lastimó sus sentimientos...Pero afortunadamente, nos dio una oportunidad para reconocer honestamente algunas cosas que nunca habíamos discutido"*. (Pág. 69) ¿Ha tenido alguna oportunidad para sostener ese tipo de discusiones con los miembros de su familia? ¿Su mamá? Tal vez, ¿su hermana? Describa esas conversaciones.

"En su lugar, ella hizo el trabajo necesario para volver una maldición generacional en una bendición generacional". (Pág. 70)

+ ¿Cómo puede "hacer el trabajo necesario" para volver maldiciones en bendiciones en su familia?

+ El "trabajo" necesario podría incluir alguna vulnerabilidad de su parte. Usted podría tener que reclamar responsabilidad por parte de la desolación.

"Usted puede ser la primera persona en cambiar la corriente de guerra dentro de su familia. Entre al río. Colóquese en la brecha. Ceda al perdón. Luche por la verdad. Entonces, sus hijos y los hijos de sus hijos, tendrán paz".

+ ¿Está dispuesta a tomar la decisión hoy de ser esa persona en su familia? ¿Qué relaciones, en las que usted pueda dar pasos para repararlas, podrían tener una impacto a largo plazo y en muchas generaciones venideras?

Capítulo 5

Perdida en acción

LAS HERIDAS QUE NOS HACEN PRISIONERAS DE GUERRA

· · · · ·

Aun cuando un ejército me asedie, no temerá
mi corazón; aun cuando una guerra estalle
contra mí, yo mantendré la confianza.
Salmo 27:3 (NVI)

Una de las experiencias más espantosas que un soldado pueda imaginar es convertirse en prisionero de guerra. Cuando un soldado es capturado por las fuerzas del enemigo, es privado de su libertad. Aunque existen leyes internacionales para evitar el abuso de prisioneros de guerra, con frecuencia, son aislados, torturados, privados de alimento o abusados psicológicamente. Pueden perder su sentido de identidad y hasta confundirse acerca de quién es su enemigo.

Cuando veo el rostro de una mujer que ha sido atrapada por mentiras, maldiciones generacionales y patrones de abuso, muchas veces parece que ha sido tomada como rehén. Por muy duro que trate, ella nunca se siente bien consigo misma. Ella anhela amor, pero nunca es suficiente. No importa en cuántas relaciones sexuales se involucre, no puede detener la sensación general de malestar y falta de conexión. Ella ansía consuelo, pero no puede recibirlo. No sabe cómo relacionarse confiadamente con otros. Tiene tendencia a ser complaciente y lucha con la autoridad. Sabe que algo está mal, pero no puede identificar el problema.

Es una prisionera de guerra. Está perdida en acción. Y ella ni siquiera sabe quién es su enemigo.

Muchos factores pueden afectar a una mujer así, incluyendo dolorosas experiencias pasadas y asuntos familiares. Pero su verdadero enemigo es Satanás. Él tiene la audacia para intentar capturar nuestros corazones y mentes. Él hace que mujeres estén contra mujeres, madres contra sus hijos. Muchas de nuestras hermanas han caído en las trampas de este enemigo mezquino.

CICLO DE VIDA

Cuando mis hijos eran pequeños, la película "El rey león" era un gran éxito. Llegó a ser uno de los musicales de Broadway más exitosos, fue producido en los departamentos de teatro de las escuelas alrededor del país y ha sido relanzado recientemente en versión 3D. Me encanta esa historia, especialmente la sorprendente escena de apertura con la canción "Ciclo de vida".

Cuando el cachorro del rey León, Simba, fue presentado a la nación, los animales de toda especie llegaron a presentar su respeto y honor al miembro más joven de la familia real. Una bendición especial fue públicamente declarada, un reconocimiento del destino real del cachorro. Todo esto sucedió con un trasfondo musical inspirador, atuendos magníficos y una atmósfera emotivamente animante.

. . . .

Cuando veo el rostro de una mujer que ha sido atrapada por mentiras, maldiciones generacionales y patrones de abuso, muchas veces parece que ella ha sido tomada como rehén.

. . . .

Desearía que así diéramos la bienvenida a todos nuestros hijos. Pocos de nosotros somos presentados al mundo con esa clase de fanfarrea. ¿Cuánta gente en realidad tiene una tribu completa que llega tan pronto han nacido a declarar su propósito y potencial? El día de su nacimiento, ¿fue marcado con tal aceptación y esperanza, o más bien fue un comienzo con dificultades?

AMADA HIJA

En el plan divino de Dios, hay un "ciclo de vida". Tanto usted como yo, se supone que seamos, antes que nada, una hija, una heredera real. Debemos ser protegidas, valoradas, animadas, apreciadas y favorecidas. Debemos ser vistas como un regalo y un tesoro: la niña de los ojos de nuestros padres, y el orgullo y la alegría de nuestras madres. Desde ese lugar de amor y aceptación, podemos ir a ser hermanas, luego esposas, luego madres y abuelas, con ánimo y gratitud pasando nuestro legado real a la nueva generación.

El vínculo madre-hija es la primera relación mujer a mujer en la vida de una niña, y es crítica para la formación y el desarrollo de su carácter e imagen propia. De nuestras mamás aprendemos a confiar, a amar y a ser amadas. Desarrollamos patrones de intimidad, aprendemos cómo relacionarnos con otros y hasta descubrimos separarnos de nuestras madres apropiadamente, todos son componentes de la madurez emocional.

Pero, ¿qué sucede cuando el primer papel de su vida es afectado de forma negativa?

Satanás quiere trastornar nuestras vidas a temprana edad y convencernos que no somos amadas para poder apartarnos desde el principio. Es por eso que él no espera hasta que hayamos crecido para tratar de destruir nuestro destino. Él lanza sus golpes más intencionales y efectivos contra nuestra primera relación entre mujeres, la relación con nuestra madre.

Las mamás que están físicamente o emocionalmente enfermas o ausentes causan un tremendo daño a sus hijos, dejándolos con una sensación de abandono y falta de seguridad. Muchas de nosotras crecimos en un ambiente que carecía de las necesidades humanas más básicas: amor y paz. Como consecuencia, nuestras almas pueden ser marcadas por múltiples cicatrices de golpes sensibles y heridas abiertas. Esa es la razón por la cual muchos de los más grandes conflictos de una mujer giran alrededor de su madre.

Me entristece saber de una mujer que ha crecido bajo la influencia de una madre profundamente herida. Usted puede haber sido no deseada o hasta abandonada. Pudo haber perdido a su madre por enfermedad o muerte. O, quizá, fue simplemente ignorada o dejada de lado. Tal vez, haya tenido que crecer muy rápido y asumir responsabilidades más allá de su capacidad o madurez. Puede ser que haya sido abusada físicamente o verbalmente agredida. Estas heridas se forman a raíz de un pecado humano, la debilidad y de las heridas que la abusadora puede estar cargando en sí misma.

· ·

> De nuestras mamás aprendemos a
> confiar, a amar y a ser amadas.

· ·

Pero no todas las heridas se forjan por abandono, egoísmo, enfermedad o maldad. Hasta las buenas mamás y las familias saludables que hacen su mejor esfuerzo, pueden herirnos sin intención y dejar algunas marcas en el desarrollo del corazón de un niño.

El Dr. Gary Chapman, en su serie de libros acerca de "Los cinco lenguajes del amor", explica cómo cada persona tiene una manera primaria de mostrar y recibir amor.[*] Digamos que el lenguaje primario del amor de su mamá es "actos de servicio". Porque ella la ama, pasa toda su vida sirviéndole. Prepara comida saludable, recibe a sus amigos en la casa, la inscribe en actividades extracurriculares, la lleva a todas partes, lava su ropa, le ayuda con su tarea, etc. Pero digamos que su lenguaje del amor es "palabras de afirmación". Como adulta, usted se encuentra a sí misma diciendo: "no puedo recordar que mi madre me haya dicho jamás 'te amo'". Su mamá debe haber hecho hasta lo imposible para mostrarle su amor por usted, pero debido a que ella no lo hizo en la forma más significativa para usted, usted no se sintió amada.

Si su primera relación entre mujeres carece de alimento, puede producir una herida en su espíritu que formará críticamente su desarrollo, su carácter y cómo se siente acerca de sí misma y de otras mujeres.

Adicionalmente, la falta de una relación positiva con su mamá puede dejarla con una sensación permanente de pérdida, vacío y falta de conexión emocional. Tratamos de calmar nuestras almas con cualquier cosa que alivie el dolor. Esto nos hace susceptibles a una cantidad de

---

[*]   Gary D. Chapman, *Los cinco lenguajes del amor* (Unilit).

mecanismos de defensa, incluyendo: adicciones, manipulación, apatía, sobrepasar las expectativas, aislamiento y abandono.

La maternidad negativa puede establecer un patrón de desconfianza por el resto de nuestras vidas. Aprendemos a esconder nuestras necesidades o tratamos de cumplirlas por medios propios o a través de medidas inapropiadas. Llegamos a ser vulnerables. No nos sentimos seguras o aceptadas. Esto crea un terreno fértil para la inseguridad y el temor, y algunas veces el fruto de esta crianza es negativismo y agresividad.

Una mujer que ha sido herida por su madre, ya sea intencionalmente o no, tendrá la tendencia a herir a sus hijos. Aunque ella comprenda que ese estilo de maternidad está afectando negativamente a su familia, tendrá dificultad en comportarse de manera diferente, simplemente porque esa es la única forma que conoce. Ella está atrapada en un ciclo de dolor.

APRECIADA HERMANA

La segunda relación mujer a mujer que la mayoría de nosotras experimenta es con nuestras hermanas y las niñas con las que crecemos. Ellas pueden ser nuestras hermanas biológicas, una familiar cercana como una tía o prima, y hasta una amiga querida. Una hermana puede definirse como una mujer que anda de cerca con nosotras. De allí es donde obtenemos el dicho: "ella es como una hermana para mí".

Nuestras hermanas, ya sean biológicas o no, nos dan nuestra primera degustación de comunidad. Tenemos una sensación de pertenencia en esta "familia", donde hay otras personas como nosotras. Aprendemos que somos diferentes, pero de alguna manera iguales. Con suerte, crecemos juntas y encontramos una amiga y defensora para toda la vida, dentro de nuestros hogares.

Pero no siempre es así.

Con demasiada frecuencia participamos en "guerras entre hermanas". Una hermana más joven resiente crecer bajo la sombra de su hermana mayor, sintiéndose siempre aventajada o como si estuviera un paso atrás. Un hijo primogénito podría sentir celos por toda la atención prestada al bebé de la familia o estar irritado por tener siempre que cuidar a sus hermanos y hermanas más pequeñas. Si un padre muestra favoritismo hacia un hijo, pareciendo preferir a uno sobre otro, eso creará una división aún más grande.

Tal vez usted y su hermana eran amigas cuando niñas, pero algo imperdonable sucedió entre ustedes. Quizá ella dijo mentiras acerca de usted o le robó su novio, y ambas acabaron en una discordia amarga y eterna. Ahora no hay colaboración para un bien mayor; nadie que la levante cuando se caiga, y nadie que se regocije con usted cuando está feliz, o llore a su lado cuando está triste.

. . . .

La falta de una relación positiva con su mamá puede dejarla con una sensación permanente de pérdida, vacío y falta de conexión emocional.

. . . .

Ya que las hermanas (o mejores amigas de la niñez) crecen juntas, son capaces de provocar heridas que son especialmente profundas y dolorosas. Una hermana con malas intenciones es peligrosa porque usted no protege instintivamente su corazón de alguien con quien debería sentirse segura. Ella conoce sus fortalezas y debilidades, de manera que hasta un comentario casual u omisión puede convertirse en un comentario mordaz que llega rápidamente y penetra profundamente. Eso solamente necesita suceder un par de veces antes de que usted se proteja a sí misma, desarrollando una actitud defensiva y un rápido disparador de rechazo.

Adicionalmente, usted puede desarrollar con facilidad una actitud de competencia. Las hermanas son constantemente tentadas a compararse entre sí. Cada una procura que sus propias necesidades sean cumplidas, aun a costa de la otra. Esto construye una sensación de aislamiento y soledad. La competencia y el rechazo crean un ciclo de trauma emocional que forma nuestro punto de vista y expectativas durante años.

Como adultas, llegamos a notar que esto es dañino, pero no sabemos cómo cambiar. Podríamos querer alejarnos de una hermana. Pero los lazos familiares nos mantienen regresando a los mismos patrones de dolor, año tras año. Enfrentamos la opción de repetir esos patrones o simplemente dar la espalda a las relaciones. Muchas familias han sido irreparablemente divididas debido a que las hermanas no saben cómo forjar una nueva relación entre ellas y empezar de nuevo.

ATESORADA AMIGA

Todas compartimos una necesidad humana básica de ser aceptadas y amadas por la gente. Las amigas con personas que optamos por permitir que entren en nuestras vidas. Formamos lazos con ellas, creamos relaciones caracterizadas (idealmente) por vulnerabilidad y confianza. Una amiga verdadera puede decirnos la verdad porque le hemos permitido que lo haga. Esta combinación de apego y verdad, si se desarrolla en amor, nos permite vernos a nosotras mismas cómo somos en realidad, crecer en nuestra salud emocional y aprender que somos importantes. Cuando otras nos reciben como somos, estamos mejor equipadas para enfrentar los altos y bajos de la vida.

La amistad cercana es más que una compañía cómoda. Nos ayuda con nuestros puntos ciegos, revela nuestras debilidades y nos apoya a medida que vencemos nuestros errores. Somos aceptadas. Somos amadas. Somos vulnerables.

La mayoría de nosotras entra en el mundo escolar con una sensación de inquietud. No estamos seguras de cómo reaccionarán ante nosotros los otros estudiantes. No sabemos si seremos aceptadas. Procuramos encajar al encontrar nuestra "tribu", y anhelamos ser reconocidas por ellas.

. . . .

Muchas familias han sido irreparablemente divididas debido a que las hermanas no saben cómo forjar una nueva relación entre ellas y empezar de nuevo.

. . . .

Pero a medida que entramos en la adolescencia, queremos diferenciarnos de la multitud. Las chicas empiezan a competir unas con otras por la atención de los chicos. Nos comparamos a nosotras mismas, una a otra, en áreas como la apariencia física o la popularidad con los compañeros. Esto crea un ambiente de lucha y murmuración, algunas veces con la intención de destruir a otras para levantar nuestra propia auto-estima. Nuestra propia inseguridad nos hace fácilmente susceptibles a amistades fallidas.

Como mujeres jóvenes, aprendemos que hay poder en nuestra femi-nidad. La gente reacciona de manera diferente de acuerdo a cómo nos presentamos a nosotras mismas. Si estamos desesperadas por recibir atención o ser amadas, es posible que usemos nuestro atractivo sexual para llamar la atención y tener influencia. Hasta podemos rechazar a otras mujeres para exaltarnos a nosotras mismas. En nuestro intento de proteger nuestros propios corazones, hacemos y decimos cosas horri-bles la una a la otra.

Si nuestras primeras amistades estaban marcadas con desconfianza y fallas, crecemos inseguras y recelosas. Si tenemos experiencias, tanto en casa como en nuestras otras relaciones, que son hirientes, crecemos creyendo que pasa algo malo con nosotras.

. . . .

Cuando no podemos encontrar respuestas para nuestro dolor, reproducimos el ciclo del abuso. Aquellas que han sido heridas se convierten en atacantes.

. . . .

Como esposa joven, mi amiga, Beth, se dio cuenta que todas sus ami-gas se conocían desde la niñez. Estas mujeres disfrutaron salidas de fines de semana solo para mujeres y paseos nocturnos mensuales para chicas. Cuando invitaron a Beth a unirse a ellas, ella participó. Pero los eventos siempre la dejaban sintiéndose insegura y celosa…y dándose cuenta cuán-to se había perdido por no haber desarrollado amistades en la infancia.

Mi amiga, Liz, bromeaba mucho que cuando ella era niña, su familia se mudaba cada vez que había que pagar la renta. Para comprobarlo, ella tiene, por lo menos, dos tarjetas de calificaciones de diferentes escue-las, por grado, durante toda la educación primaria. Tan pronto se hacía amiga de alguien, era tiempo de mudarse nuevamente.

Su familia finalmente se asentó en un lugar cuando Liz tenía once años. Aunque ella recibió con agrado la estabilidad, para este tiempo ya se había formado una concha dura sobre su corazón, y ella continuó ejerciendo sus mecanismos de defensa. Sus defensas estaban aseguradas y cargadas, y sus paredes permanecieron altas y gruesas.

Durante los años adolescentes de mi amiga, Elly, muchas de sus amistades estaban envenenadas con desconfianza, motivos ocultos y manipulación. De manera que su guardia se levantó. Ella quería tener, y ser, una amiga fiel. Pero siempre se mantuvo a una distancia segura. Aún ahora, como adulta, Elly tiene problemas para encontrar y confiar en amigas.

DIVORCIO

Algunas de nosotras nunca superamos esta época extraña. Entramos al más amplio mundo de los adultos con una falta general de protección, inseguras de cómo otras mujeres van a reaccionar ante nosotras. Evitamos el contacto visual, mantenemos nuestras conversaciones superficiales y nunca le permitimos a otra mujer acercarse mucho.

Aprendemos a tomar decisiones rápidas acerca de la gente. Las pasamos por el filtro de nuestro juicio, evaluamos su nivel de amenaza y hacemos conjeturas acerca de sus motivos. Esencialmente, ponemos sobre otras mujeres lo que realmente está en nosotras: temor y desconfianza. Los juicios y generalizaciones que hacemos estorban nuestra capacidad de conexión, perpetuando, de esta manera, un ciclo de muerte emocional.

Si usted es saludable y alguien la lastima, puede ir donde está la otra persona y decir: "Oye, eso dolió". Si la otra persona también es saludable, ella probablemente diría algo como: "Lo siento. No fue mi intención lastimarte". Puede haber una rápida muestra de dolor, posteriormente mostrar perdón y una completa e inmediata restauración de la amistad.

Pero si usted no es saludable y está herida, cuando usted tiene una pequeña dificultad en una relación, esta parecerá una montaña. En lugar de intentar arreglarla, usted se voltea y trata de ignorarla. Las ofensas se amontonan, y muy pronto, usted se cansa de todo. Ya no quiere continuar la relación. Hay rompimiento. Es casi como divorciarse.

El divorcio es una separación total, el rompimiento de una unión. Usualmente, lo pensamos en términos matrimoniales, pero existen todo tipo de relaciones que pueden ser rotas.

Usted puede "divorciarse" de sus amigas, o su madre, o una hermana. Conozco padres que no han visto a sus hijos desde hace años. Aun las congregaciones eclesiásticas pueden separarse.

Cuando se acumulan nuestras experiencias dolorosas y relaciones rotas, respondemos con lo que pareciera una solución lógica: Construimos paredes alrededor de nuestros corazones. Cuando no podemos encontrar respuestas para nuestro dolor, reproducimos el ciclo del abuso. Aquellas que han sido heridas se convierten en atacantes. Al herir a la gente alrededor nuestro, ellos reaccionan alejándose de nosotros.

· ·

> El enemigo desea que usted crea la
> mentira de que es huérfana y está
> sola, una prisionera de guerra, fuera del
> alcance de nuestros seres queridos.

· ·

Las mujeres que han sufrido heridas por parte de su mamá, hermanas y amigas tienden a protegerse, encerrándose en sí mismas, manteniéndose a distancia de manera que no puedan causarle más daño. Si una mujer nunca desarrolla relaciones saludables con amigas y miembros de familia, ella se aislará, experimentando la vida sin relaciones personales cercanas. Terminamos sintiéndonos completamente abandonadas y solas.

Si sus padres ya murieron, usted conoce el intenso dolor de esa separación y la tremenda sensación de pérdida. Pero aun si su madre y padre viven todavía, si usted carece de apoyo, supervisión o cuidado, usted puede sentirse abandonada o rechazada. Si las mentiras que rodean sus heridas le han convencido que no es amada ni deseada, efectivamente, se ha convertido en una huérfana.

UN ESPÍRITU DE ORFANDAD

Aquellas que sufren un espíritu de orfandad no sienten que puedan confiar en los demás. Ellas creen que están totalmente solas y que nadie las conoce o las ama en realidad. Ellas sienten que tienen que luchar por todo lo que reciben porque no hay suficiente. Están saturadas de pensamientos como: *Nadie me quiere. No importo. Tengo que cuidarme a mí misma porque nadie más lo hará.*

Frecuentemente, las huérfanas son invisibles en la multitud. Parecen, suenan y actúan normalmente, encajan, la mayoría de las veces porque han desarrollado fuertes mecanismos de defensa.

Una manera de lidiar con un espíritu de orfandad es convertirse en complaciente. Aquellas que usan este mecanismo de sobrevivencia luchan por éxito y aprobación precoz, algunas veces, aun llegando a ser líderes exitosas. Mutan sus personalidades para encajar en las expectativas de los demás, a menudo se aprovechan de ellas. Como resultado, ellas no ponen límites apropiados, pierden contacto con sus propios deseos y no están realmente seguras de lo que quieren. No saben quiénes son y lo que tienen para ofrecer nunca parece ser suficiente.

Otras tratan de lidiar con su sensación de abandono auto medicándose con drogas, alcohol, trabajo o sexo. Así es como se forman las adicciones. Esta gente trata de aliviar la ansiedad y el estrés por medio del manejo temporal de sus emociones o concentran de forma intensa su energía. Ellas construyen una pared gruesa alrededor de sus corazones y reprimen toda emoción dolorosa. Como resultado, se vuelven letárgicas, apáticas, exhaustas y emocionalmente desconectadas.

. . . .

Todo lo que usted ve roto o rechazado, Él lo ve redimido y encantador.

. . . .

El enemigo quiere que usted crea la mentira que usted es huérfana y está sola, una prisionera de guerra, fuera del alcance de sus seres queridos. Él quiere convencerla de que aun su Padre celestial no podría amar a alguien como usted.

Nada puede estar más lejos de la verdad. El Salmo 139:13-16 (NVI) ilustra cuán profundamente Dios se interesa por usted, incluso antes de que naciera.

> *Tú creaste mis entrañas; me formaste en el vientre de mi madre. ¡Te alabo porque soy una creación admirable! ¡Tus obras son maravillosas,*

y esto lo sé muy bien! Mis huesos no te fueron desconocidos cuando en lo más recóndito era yo formado, cuando en lo más profundo de la tierra era yo entretejido. Tus ojos vieron mi cuerpo en gestación: todo estaba ya escrito en tu libro; todos mis días se estaban diseñando, aunque no existía uno solo de ellos.

Todo acerca de usted está maravillosamente diseñado por Dios, con cuidado y propósito. Desde el momento de su concepción, ha sido conocida y amada por su Padre celestial. Usted no ha sido abandonada ni olvidada. Ni las circunstancias de su nacimiento ni la disfuncionalidad de sus relaciones pueden separarle de Su amor que todo lo abarca. Todo lo que usted ve roto y rechazado, Él lo ve redimido y encantador.

Justo cuando usted teme haber alcanzado el fondo de sí misma o de sus circunstancias, encontrará a Dios fiel. Usted no está sola. Usted no es huérfana. Usted no ha sido abandonada en el campo de batalla o como prisionera de guerra. Usted tiene al Padre perfecto, al Hermano perfecto y al Amigo perfecto en nuestro Salvador, Jesucristo. Usted está destinada para ser rescatada y convertirse en una hija de Dios.

Por su propio bien, considere la posibilidad que hay otro camino que lleva a la sanidad y que hay una esperanza perdurable por descubrir. Permítame mostrarle lo que quiero decir.

PREGUNTAS PARA REFLEXIONAR

En este capítulo, hemos explorado algunas de nuestras relaciones más íntimas y vulnerables, lo que significa que podríamos haber explorado algunos lugares de heridas profundas. Ya que estas son nuestras relaciones más influyentes y cruciales, tomemos un tiempo para ir más adentro y recibir sanidad.

"Por muy duro que trate, ella nunca se siente bien consigo misma. Ella anhela amor, pero nunca es suficiente. No importa en cuántas relaciones sexuales se involucre, no puede detener la sensación general de malestar y falta de conexión. Ella ansía consuelo, pero no puede recibirlo. No sabe cómo relacionarse confiadamente con otros. Tiene

tendencia a ser complaciente y lucha con la autoridad. Ella sabe que algo está mal, pero no puede identificar el problema". (Pág. 73)

¿Se ve a sí misma en alguna parte de esta descripción? Escriba en su cuaderno sus pensamientos y sentimientos acerca de esto.

"Es una prisionera de guerra. Está perdida en acción. Y ella ni siquiera sabe quién es su enemigo… pero su verdadero enemigo es Satanás. Él tiene la audacia para tratar de capturar nuestros corazones y pensamientos. Él hace que mujeres estén contra mujeres…" (Págs. 73-74).

Quizá desde el momento mismo de su nacimiento, el enemigo se ha pronunciado contra su identidad como hija amada, hermana preciada y amiga atesorada. Él ha buscado fracturar esas relaciones entre mujeres y dejarle a usted en orfandad. Pero Dios tiene un plan mayor. Preguntémosle.

+ *Dios, ¿cuáles relaciones han sido rotas en mi vida?* Escriba lo que Él le muestre.

  ° *Padre, debido a esa rotura, me siento _____. Cuando _____ sucedió, me hizo sentir _____.*

+ *Señor, ¿hay alguien a quien necesite perdonar?*

  ° *Esté abierta. Espere. Escuche.*

  ° *Escriba lo que le venga a la mente.*

  ° *Responda. Señor, hoy elijo perdonar a _____. La(s) libero de mi lazo y la(s) pongo en el tuyo. Decido soltar el dolor que me haya(n) causado.*

"Usted no está sola. Usted no es huérfana. Usted no ha sido abandonada en el campo de batalla o como prisionera de guerra" (Pág. 84).

Lea el Salmos 139:13-16 en voz alta. Permita que el Señor sane esas aéreas heridas y le hable. Escriba en su cuaderno lo que escuche.

Capítulo 6

Una rama rota

• • • • •

Yo soy la vid y ustedes son las ramas.
El que permanece en mí, como yo en él,
dará mucho fruto; separados de mí
no pueden ustedes hacer nada.
JUAN 15:1-5 (NVI)

Hay cinco ramas de servicio activo en las fuerzas armadas de los Estados Unidos: Marina, Naval, Ejército, Fuerza Aérea y Guardia Costera. Cada rama es una parte igual de la milicia norteamericana, todas encabezadas por el presidente como comandante en jefe. Todas tienen asignaciones específicas en relación a la protección y cuidado de la nación, su gente y el mundo. La primera responsabilidad es servir como fuerzas para proteger la paz.

Los de la Marina son conocidos por su valentía y hermandad, frecuentemente son los primeros en tierra en situaciones de guerra. La Naval defiende nuestros derechos para viajar y comerciar libremente en los océanos del mundo. El Ejército es la rama más antigua y sirve para proteger la seguridad de los Estados Unidos y sus recursos. La Fuerza Aérea se enfoca en vigilar los intereses norteamericanos a través de la práctica estratégica y el despacho del poder aéreo. La Guardia Costera asegura las aguas norteamericanas y, durante el tiempo de guerra, se despliega junto con la Naval.

¿Puede imaginarse la amenaza contra nuestra seguridad nacional si alguna de estas ramas estuviera incapacitada? Estaríamos ampliamente expuestos a la amenaza de nuestros enemigos. Ninguna medida de la seguridad nacional o intento de las otras ramas podría garantizar suficientemente nuestra seguridad.

Usted podría decir lo mismo de nuestros árboles genealógicos. Ellos contienen un grupo de ramas mayores, con numerosos brotes. Cada hijo representa una nueva rama que crece amplia y fuerte a medida que el hijo o hija se casa y tiene hijos propios. Cada "división" del árbol tiene asignaturas especiales y responsabilidades específicas. Cuando todas las ramas están llenas y funcionando, experimentamos paz. Si una de esas ramas está devastada, sufrimos una pérdida tremenda.

SU ÁRBOL

¿Alguna vez ha tratado de rastrear su árbol genealógico? La gente a la que le encanta la genealogía pasa horas placenteras leyendo con atención los registros históricos para graficar las diferentes líneas de su genealogía, ya sea biológica, por matrimonio o adopción. Puede ser interesante descubrir qué gente famosa podría estar en su linaje. Y, a menudo, el aspecto más fascinante de este pasatiempo es encontrar historias escritas por familiares distantes, describiendo cómo eran sus vidas.

La mayoría de los árboles genealógicos tienen algunas ramas aquí y allá que se detienen repentinamente. Una línea de descendientes culmina en un hijo sin familia, tal vez, que nunca se casó, o quizá hasta murió antes de llegar a la edad donde él o ella pudieran reproducirse. Estos "tuecos" en el árbol genealógico llevan un toque de tristeza a nuestros corazones al preguntarnos qué pudo haber sido. Imaginamos cuánto más lleno nuestro árbol, y nuestras vidas, pudieron haber sido si esa línea hubiera continuado en lugar de estar atrofiada.

A menudo, imagino que en la parte más profunda de mi ser, el lugar donde el Espíritu Santo reside, hay un bello árbol de vida. Fue una semilla al momento de mi salvación, y a medida que mi vida es tocada, sanada y transformada por mi relación amorosa con Él, la semilla se convierte en un bello roble. Se espera que mi árbol crezca fuerte y provea sombra, protección, alimento y hasta semilla nueva para aquellos cercanos a mí.

Si usted tiene una herida significativa causada por una mujer, es como si una inmensa rama de su árbol hubiera sido quebrada y no creciera. Hay un tocón en el lugar donde se esperaba que hubiera comodidad, sombra y belleza para gozo de los demás. Su árbol continúa sostenido por su sistema de raíces y es posible que sea fructífero en otras áreas, pero esta rama permanece dañada. Es como esa parte de su árbol genealógico donde una línea generacional de sus ancestros termina repentinamente, dejando una mancha rota en su gráfica. Usted se queda preguntándose qué bendiciones pudieron haber venido de esa parte de su vida si tan solo esa herida no hubiera matado esa porción de su árbol.

• •

Si usted tiene una herida significativa causada por una mujer, es como si una inmensa rama de su árbol hubiera sido quebrada y no creciera.

• •

Usted no es la única. Todas nosotras nacimos como Eva, compartiendo el pecado y las consecuencias de la guerra que libramos contra nuestro enemigo. El árbol interno de cada mujer ha sufrido daño y ha sido arruinado por las consecuencias de esta batalla.

Pero ese no es el final de la historia. Hay otra mujer, otra madre, en la que debemos pensar. Su nombre era María.

EL NACIMIENTO DEL AMOR

¿Alguna vez se ha preguntado por qué Dios escogió a María para ser la madre de Jesús? ¿Qué la hizo tan especial? ¿Cuáles eran sus cualidades para este cargo tan elevado? Como era solo una adolescente en ese tiempo, no había tenido muchas oportunidades para hacer grandes cosas para Dios o para demostrar una fe que moviera montañas.

Aun así, Dios le confió Su plan de salvación completo. Dios no nos envió simplemente a Jesús, Él puso al Salvador del mundo en el vientre de una adolescente soltera. Por ello, María tuvo la oportunidad de hacer lo que Eva no pudo. En lugar de dar a luz odio, ella dio a luz amor.

Cuando se desarrolla la historia en Lucas 1, encontramos que Dios envió a un ángel, Gabriel, para entregarle un mensaje a María. Él la encontró en su pueblo natal de Nazaret, donde estaba comprometida en matrimonio con José.

Gabriel inició la conversación llamando a María, "altamente favorecida" y haciéndole notar que el Señor estaba con ella. María se turbó inmediatamente, tanto que Gabriel la animó a que no tuviera miedo. Luego le reveló el verdadero propósito de su visita:

> *Concebirás y darás a luz un hijo, y le pondrás por nombre Jesús. Él será muy grande y lo llamarán Hijo del Altísimo. El Señor Dios le dará el trono de su antepasado David. y reinará sobre Israel para siempre; ¡su reino no tendrá fin!*
>
> —LUCAS 1:31-33

Este mensaje era suficiente información para que María comprendiera dos cosas: 1) el ángel estaba hablando acerca de tener un bebé natural, y 2) ese bebé sería el Mesías.

. . . .

Todas nosotras nacimos como Eva, compartiendo el pecado y las consecuencias de la guerra que libramos contra nuestro enemigo.

. . . .

María no discutió si era o no favorecida, o se preguntó si estaría alucinando. Ella ni siquiera señaló las razones obvias de que ella probablemente no era la elección correcta para esta misión. Ella, simplemente, preguntó: "¿Cómo podrá suceder esto, puesto que soy virgen?" (Versículo 34, NVI).

El ángel respondió: "El Espíritu Santo vendrá sobre ti, y el poder del Altísimo te cubrirá con su sombra. Por lo tanto, el bebé que nacerá será santo y será llamado Hijo de Dios" (versículo 35).

Esa respuesta debe haberla sorprendido mucho. ¡A mí me sorprende!

María pudo haberse negado. Todo en lo natural le habría instado a rechazar esta misión. Ella no estaba casada. Era muy joven. Nunca había estado con un hombre. Esto sería totalmente contrario a los planes que ella tenía para su vida. Y, estoy segura que no se consideraba a sí misma capacitada para ser la madre del Mesías.

Aun así, María dijo que sí.

De hecho, ella dijo *sí* muchas veces y en la maneras más bellas.

DE ACUERDO

María estaba muy joven, al inicio de su edad reproductiva. Estando comprometida, sin duda, esperaba convertirse en esposa y madre. Pero cuando el ángel la visitó, sus planes se hicieron polvo. Dios tenía un plan diferente. Y cuando María lo oyó por primera vez, pudo haberse llenado de temor por su futuro.

En lugar de eso, respondió: *"Soy la sierva del Señor. Que se cumpla todo lo que has dicho acerca de mí"*. (Versículo 38).

María pudo haber abortado el plan de Dios al rehusar ser parte de Su propósito. Pero su corazón dijo sí. Creo que es por eso que Dios la escogió a ella.

María evaluó la magnitud, la improbabilidad y el costo personal del mensaje del ángel y tomó la decisión de recibir el designio. Su respuesta voluntaria se convirtió el semillero de vida para muchas generaciones por venir.

Dios valora tanto nuestra capacidad de dar vida que dejó a un lado toda Su deidad y se volvió un bebé, completamente vulnerable al cuidado de una adolescente. Él se confió a Sí mismo a una madre totalmente humana.

. . . .

Cuando Elisabet y María concibieron,
recibieron no solamente un depósito
de vida, sino un regalo de fe.

. . . .

Usted también puede llevar una promesa profética. El cumplimiento de los planes de Dios para su árbol genealógico empieza con su disposición. Lo que sea que Él le esté pidiendo hacer, es su "sí" lo que le permite a Él depositar algo divino y poderoso en usted. Decir sí puede costarle algo. Puede costarle todo lo que valora. Pero la bendición que Él tiene reservada para usted será mucho más grande que cualquier cosa que usted entregue.

¿Qué sueños carga en la matriz de su espíritu? ¿Qué es lo que Dios desea alcanzar por medio suyo? ¿Cuántas metas ha abortado porque se le ocurrió una lista de razones y excusas en lugar de decirle simplemente "sí" a Él? Dios tiene planes para usted, una esperanza y un futuro. (Jeremías 29:11) ¿Tomará la decisión de recibirlos?

CONFÍE

Con las palabras del ángel todavía resonando en sus oídos y palpitando en su corazón, María corrió a ver a su prima, Elisabet.

Durante sus mejores años reproductivos, Elisabet era estéril. Pero cuando Gabriel visitó a María, él le dijo que Elisabet había quedado embarazada en su avanzada edad y que ya estaba en el sexto mes. Por medio de un acto sobrenatural, ella también llevaba un hijo de promesa. ¿Quién mejor para entender el dilema de María?

· ·

Lo que sea que Él le esté pidiendo hacer, es su "sí" lo que le permite a Él depositar algo divino y poderoso en usted.

· ·

Al momento en que María llegó a la casa de su prima, el bebé en el vientre de Elisabet, brincó. Elisabet, inmediatamente, vio el llamado y el destino en la vida de María y se regocijó con ella. No había correo electrónico, texto, o mensaje de Facebook que le participara a Elisabet de este secretito. Por medio del Espíritu Santo, ella reconoció la bendición en la vida de María y supo que María había sido escogida como la madre del Mesías. Viendo la fe de María, dijo: *"Bienaventurada la que creyó"* (versículo 45 RVR1995).

Ambas, Elisabet y María llevaban hijos de destino. Cada mujer tenía una concepción divina y un embarazo controversial. Y ambas pagaron un alto precio por el privilegio de llevar a esos niños. Estas mujeres enfrentaron una consecuencia social inmediata, pero finalmente cada una de ellas tuvo que entregar a su hijo completamente a su destino. Juan el Bautista y Jesús, ambos, fueron muertos por su fe. Sin embargo, sus muertes fueron el semillero de la vida eterna para usted y para mí. Todo lo que fue robado en el huerto nos fue restaurado por medio de la muerte y resurrección de Jesús.

Cuando Elisabet y María concibieron, recibieron no solamente un depósito de vida, sino un regalo de fe. Esa fe les dio la gracia para cumplir lo que Dios les había pedido hacer. La intimidad sobrenatural encendió la fe sobrenatural, la cual les dio la capacidad para recibir vida y llevarla a su cumplimiento.

Durante tres meses, Elisabet asesoró a María. María encontró en ella una mujer mayor de quien podía recibir ánimo…hasta a alguien con quien celebrar.

¿Necesita usted una Elisabet en su vida? No espere a que una venga a usted. María no se quedó sentada en casa suspirando por alguien que pudiera identificarse con ella. Ella fue a casa de su prima, aunque el viaje llevó unos cuantos días.

¿Conoce a alguien pueda necesitar a una Elisabet? No la rechace. Recíbala en su vida con los brazos abiertos y pronuncie palabras de ánimo a su corazón.

ALABE

Al tener que atravesar las montañas para llegar a la casa de su prima, María tuvo algún tiempo para pensar sobre las consecuencias de su encuentro con el ángel. En este punto, ella pudo haberse rendido al temor fácilmente. Pero, en su lugar, escogió alabar al Señor, exaltar Sus virtudes y apreciar Su propósito y plan.

· ·
La diferencia entre ellas no está en su capacidad.
La diferencia radica en a quién escuchan.
· ·

Mi alma glorifica al Señor, y mi espíritu se regocija en Dios mi Salvador, porque se ha dignado fijarse en su humilde sierva. Desde ahora me llamarán dichosa todas las generaciones, porque el Pode-roso ha hecho grandes cosas por mí. ¡Santo es su nombre! De generación en generación se extiende su misericordia a los que le temen. Hizo proezas con su brazo; *desbarató las intrigas de los soberbios. De sus tronos derrocó a los poderosos, mientras que ha exaltado a los humildes. A los hambrientos los colmó de bienes, y a los ricos los despidió con las manos vacías. Acudió en ayuda de su siervo Israel y, cumpliendo su promesa a nuestros padres, mostró su misericordia a Abraham y a su descendencia para siempre".*

—Lucas 1:46-55, nvi

La alabanza de María la sostuvo en los días por venir. Esta declaración, hecha antes que ella supiera la medida completa de las consecuencias de su cooperación, se convirtió en la historia de su vida. Habló de aceptación al bebé en su vientre, posicionándola para llevar vida dentro de su cuerpo joven. Como resultado, usted y yo estamos entre las generaciones que la llaman a ella "dichosa".

ESCUCHE

Ambas, Eva y María, estaban destinadas para convertirse en dadoras de vida. Cada una fue cuidadosamente escogida por Dios para ser la madre de todo ser viviente. La diferencia entre ellas no está en su capacidad. La diferencia radica en a quién escucharon.

Eva pudo haber hablado con Dios sobre sus preocupaciones, o hasta con Adán. En vez de eso, habló con una serpiente astuta y el razonamiento consigo misma la llevó a la desobediencia.

María tenía preguntas, al igual que Eva. Ella estaba tratando de razonar en su mente cómo podría ser esto. Pero ella escogió discutir lo que Dios le dijo con Gabriel y Elisabet. El ángel respondió a sus preocupaciones basado en la promesa profética para su vida. Ella tomó consejo de un ángel del Señor. Luego, corrió a donde otra madre, una familiar y amiga y allí, encontró consuelo, esperanza y celebración.

¿A quién escucha? ¿Está conversando espiritualmente con un mensajero angelical o entreteniendo los pensamientos y el razonamiento del enemigo? ¿Está dispuesta a buscar el ánimo y apoyo de otra mujer, de manera que ella pueda inspirar vida en usted y sus sueños?

¿CÓMO ESTÁ SU RAMA?

Ambas, Eva y María tenían las semillas para un árbol de vida. Sin embargo, una dio a luz odio y la otra dio a luz amor. ¿Recuerda la ilustración del árbol de vida que compartí al principio de este capítulo? ¿A qué se parece su árbol? ¿Es un roble de justicia bello y grande que ministra a mucha gente? O, ¿tiene su árbol algunas maldiciones generacionales y ramas marchitas que necesitan la redención que viene a través de Cristo? No se desanime por sus heridas. Inclínese hacia el Señor en su necesidad y Él le consolará. Él le hablará y se revelará a Sí mismo ante usted. Venza su dolor ofreciendo una enorme medida de gratitud que le sostendrá como una balsa. Un corazón agradecido se desarrolla a través de una decisión de su voluntad, disciplinada y a propósito, para agradecer independientemente de las circunstancias.

Una rama rota, ¿puede repararse? Nuestro Padre es un experto en podar lo que se ha vuelto estéril. Él tomará lo que nosotros creemos que es solo un tocón feo y lo usará para producir fruto abundante. La parte de usted que ha estado inactiva, puede vivir de nuevo. Su árbol volverá a crecer en el momento en que usted elija escuchar la verdad y correr hacia una mujer que celebrará su destino único, desafíe su fe y la estimule a alabar a Dios.

• • • • •

PREGUNTAS PARA REFLEXIONAR

+ ¿Alguna vez ha revisado su árbol genealógico? ¿Qué gente interesante o historias encontró?

+ ¿A qué se parece su árbol genealógico? ¿Tiene partes llenas, abundantes, sombreadas? ¿Tocones?

"Usted también puede llevar una promesa profética. El cumplimiento de los planes de Dios para su árbol genealógico empieza con su disposición". (Pág. 92)

Al igual que María, a usted le ha sido dada una oportunidad para llevar vida a su familia, pese a algunas cosas que a usted puedan parecerle como "impedimentos".

✦ ¿Qué es lo que Dios le pide hacer?

✦ ¿Qué, si hay algo, le impide decir "sí"?

✦ Tome un minuto y decida si hoy será el día en que usted diga "sí" al plan de Dios para su árbol de vida personal y para su familia.

María encontró una mentora en Elisabet, y ellas pudieron apoyarse y animarse una a otra a través de las temporadas difíciles y solitarias.

✦ ¿Necesita una Elisabet en su vida? Pídale a Dios que le muestre a alguien a quien pueda acercarse para que sea una mentora en su vida. Luego, al igual que María, sea valiente y ¡pídaselo a ella!

✦ ¿Conoce a alguien que necesite una Elisabet? Pídale al Señor que atraiga a alguien hacia usted. Recíbala en su vida y hable palabras de ánimo a su corazón.

"Ambas, Eva y María, estaban destinadas para convertirse en dadoras de vida. Cada una fue cuidadosamente escogida por Dios para ser la madre de todo ser viviente. La diferencia entre ellas no está en su capacidad. La diferencia radica en a quién escucharon". (Pág. 94)

+ Usted tiene un enemigo cuyo plan es destruirle (Juan 10:10). Dios quiere darle vida abundante. ¿De quién es la voz que está escuchando?

"La parte de usted que ha estado inactiva, puede vivir de nuevo. Su árbol volverá a crecer en el momento en que usted escoja escuchar la verdad y correr hacia una mujer que celebrará su destino único, desafíe su fe y la estimule a alabar a Dios". (Pág. 95)

+ ¿Cómo se vería su árbol si volviera a crecer? Dibuje lo que visualice.

Capítulo 7

Heroínas

CÓMO RECONOCER A UNA SUPERHÉROE DE LA ACTUALIDAD

• • • • •

Se levantan sus hijos y la llaman bienaventurada.
PROVERBIOS 31:28 (RVR1960)

Las mujeres poderosas siempre han sido mis heroínas. Incluso cuando era niña, tenía la sospecha secreta que se suponía que las mujeres fueran fantásticas.

Crecí en la época de *La mujer policía, Los ángeles de Charlie* y *La mujer maravilla*. Todas ellas luchaban contra el crimen y eran mujeres campeonas. Una vez, en la escuela secundaria, me dijeron que me parecía a Linda Carter, la primera *Mujer maravilla*. ¡Eso me gustó! No solo porque ella era hermosa, sino porque la mujer también tenía cerebro.

¿Quién no quisiera ser una superhéroe? Tendría un magnífico traje, hermoso cabello y equipo mágico. Además, tendría la oportunidad de ayudar a la gente, hasta rescatarla de situaciones de vida o muerte. Tendría el poder de cambiar lo malo a bueno. El bien siempre gana y el mal es vencido.

Todavía quisiera ser como una de esas sorprendentes heroínas. Pero sé que a las mujeres poderosas no les va tan bien. Ser mujer no siempre es genial, casi nunca es fácil.

He llegado a darme cuenta que mi percepción de una superhéroe es un mito, un concepto ideal de lo que la mujer perfecta podría ser o hacer.

El nacimiento de mis hijos me abrió los ojos para darme cuenta que las verdaderas heroínas de este mundo son madres.

MADRES

Siempre ha sido el plan de Dios bendecir al mundo a través del canal de las madres. Después de todo, el cien por ciento de la raza humana ha nacido a través de ¡una mujer! Pero no estoy hablando solamente del nacimiento natural, aunque esa es la clave misma de nuestro propósito. Me refiero a nuestra capacidad de servir a otras mujeres, ayudarles a "dar a luz" a los sueños, planes y objetivos que Dios tiene para ellas. Podemos hacer lo mismo por nuestros esposos e hijos. Usted y yo, cada una es hija de una sola mujer, pero podemos ser madres espirituales de muchas. Esta habilidad especial nos hace potenciales superhéroes.

Cuando Dios le revela su sorprendente plan a María, a través del ángel, Gabriel inmediatamente le habló de Elisabet. ¿Por qué? Porque él sabía que ella no podría cumplir sola este designio. Ella necesitaba a otra mujer que la acompañara desde el principio. Todas necesitamos madres espirituales en nuestras vidas que nos ayuden a cumplir todo lo que nuestro Padre celestial tiene reservado para nosotras.

Hay muchas maneras de llegar a ser madres y numerosas oportunidades para dar vida. Consideremos algunas.

MENTORAS

En esta era de internet de alta velocidad, mensajes instantáneos y el mundo al alcance de nuestros dedos (¡literalmente!), usted pensaría que todas tenemos más tiempo para relajarnos y disfrutar la vida. Pero sucede lo contrario. Mientras más rápido hagamos las cosas, más encontramos qué hacer, y nuestros días se llenan a toda su capacidad...y un poco más.

Durante siglos, las mujeres aconsejaban naturalmente a través de sus relaciones de familia. Generaciones vivían y trabajaban juntas. Hoy día vivimos en grupos de una sola familia. Lo que solíamos aprender a través de otra persona, ahora tenemos que buscarlo intencionalmente. Aprendemos a cocinar por medio de programas de televisión y videos. Mucha de nuestra instrucción reproductiva viene de la cultura popular. Nuestra educación y carreras profesionales se construyen por medio de comunidades en línea. Los medios sociales de comunicación forman nuestras relaciones. Aunque esto moderniza el proceso y, en algunas maneras, es efectivo, no deja mucho espacio para la consejería uno a uno.

En *Gateway Church* tenemos maravillosos programas diseñados para identificar, desarrollar y conectar a la gente para ministración uno a uno y oportunidades de grupos pequeños. A pesar de la efectividad comprobada de este tipo de relaciones, y el siempre creciente número de mujeres que buscan desesperadamente una mentora, continuamos luchando con la falta de mujeres que estén dispuestas a comprometerse con este tipo de inversión.

Esta falta está ligada no solo a la falta de tiempo, sino también a la falta de confianza. Tendemos a pensar que no tenemos mucho que ofrecer y que alguien más joven que nosotras no está verdaderamente interesada en nuestra experiencia de vida o sabiduría.

No podríamos estar más equivocadas.

Recientemente, *Gateway* fue anfitriona de un retiro de fin de semana para damas entre los 18 y 29 años de edad. Incluimos a aproximadamente 40 "mujeres mayores" para atenderlas. Esta es la reacción de una de las asistentes, una preciosa joven mujer llamada Katelyn:

> *Tan pronto como nosotras, las novatas, llegamos al retiro, un grupo de mujeres mayores llegaron gritando de alegría y aplaudiendo para darnos la bienvenida. Su entusiasmo era obviamente genuino, y una magnífica manera de empezar el fin de semana.*

· ·

Usted y yo, cada una es hija de una sola mujer, pero podemos ser madres espirituales de muchas.

· ·

> *Durante dos días bastante completos, esas mujeres derramaron ánimo, sabiduría y visión en nuestras vidas. Cada sesión incluía un mensaje relevante enseñado por alguien que no tenía temor de hablar de su experiencia personal. En una sesión de panel, donde cualquiera de nosotras podía hacer cualquier pregunta que hubiera en nuestro corazón, ellas reafirmaban nuestra fe a medida que*

nos corregían, animaban y desafiaban. Esas mujeres eran auténticas y abiertas acerca de sus vidas.

En la última noche, la mujer con más edad, oró por nosotras. Cada dama joven allí pidió y recibió oración. Después, nos fuimos del retiro danzando (¡literalmente!), con el gozo por las relaciones que se formaron y los conocimientos que nos otorgaron.

Después de ese fin de semana, regresé a casa con algunos mensajes claves de Dios acerca de mi vida, y sabiendo que había damas con quienes podía contar para apoyarme y aconsejarme.

Las mujeres jóvenes, hoy día están ansiosamente buscando los conocimientos, sabiduría y dirección de alguien con más experiencia. Ella no tiene que ser mucho mayor, con tan solo unos años adelante puede hacerse una gran diferencia.

Otra amiga mía me compartió cómo el hecho de tener una mentora, y luego perderla, impactó su vida:

Cuando tenía 30 años, pasé al frente durante un llamado al altar y acepté a Cristo. En mi segunda visita a esa iglesia, una mujer mayor me buscó y me preguntó si podía discipularme. Ella fue mi primera mentora y ambas disfrutamos grandemente la compañía entre una y otra.

Después de unos meses, mi esposo y yo nos mudamos a otro estado. Encontré una nueva iglesia, donde me lancé al servicio. Esperaba encontrar una nueva mentora y nuevas amigas. Al paso de los años, hice muchos conocidos, pero solamente desarrollé unas pocas amistades. Esa relación con una mentora nunca volvió a suceder. Continúo sintiendo que algo falta.

Si usted tiene veinte años o más, hay chicas adolescentes que necesitan ayuda para navegar sus años de la escuela secundaria. Si tiene treinta o más, hay profesionales jóvenes y mujeres de edad universitaria que quieren saber cómo hizo la transición de la soltería al matrimonio, o de estudiante a trabajadora. Si tiene cuarenta o más, hay mujeres que necesitan saber cómo encontrar el equilibrio entre trabajo, hogar e hijos.

Necesitan construir sus matrimonios y poner sus finanzas en orden. Si usted tiene cincuenta o más, usted tiene una amplia experiencia de donde sacar, y muchas mujeres, quieren saber cómo sorteó los desafíos de la vida. Ellas especialmente necesitan ver cómo su fe impactó su jornada.

Todas necesitamos un poco de ayuda a lo largo del camino, y todas tenemos algo que ofrecer.

PARTERAS

El métodos de maternidad de hoy día solamente ha existido por un corto tiempo. Durante miles de años, antes de la medicina moderna y las salas de parto, las madres daban a luz a sus bebés en sus hogares con la ayuda, guía y cuidado de otras mujeres en la comunidad. Aquellas que tenían mucha experiencia ayudando a las madres en el parto llegaban a ser conocidas como parteras.

En Éxodo 1, leemos acerca del pueblo hebreo durante el tiempo de su esclavitud con los egipcios. En medio de su cautiverio, llegaron a ser una nación muy fructífera. Sus números crecieron tan rápidamente que Faraón, el gobernante de Egipto, se preocupó por la amenaza que los hebreos podrían ser para su nación si se unían y alineaban con los enemigos de Egipto.

Desesperado por detener la rápida expansión del pueblo hebreo, Faraón tramó un plan diabólico. Él ordenó a las dos parteras hebreas matar a todos los bebés varones que nacieran de las mujeres hebreas.

Pero esas parteras temían a Dios y desobedecieron a Faraón. Ellas dejaron que los niños vivieran. Las mujeres de la actualidad necesitan desesperadamente "parteras", mujeres que se especialicen en ayudar a otras mujeres a dar a luz no solamente a hijos naturales, sino a los sueños y destinos de sus corazones. Mujeres que "cuiden nuestras espaldas" y se rehúsen a apagar la vida de nuestros sueños.

Una buena "partera" hace más que dar ayuda al momento del "nacimiento". Ella acompaña a la mujer durante su "embarazo", cuando un sueño es sembrado en su corazón, y le ayuda a ajustarse a la capacidad de crecimiento en su interior a medida que se prepara para esta gran transición. La partera ayuda a traer ese sueño a vida. Acompaña a la mujer más joven y la anima a proteger y cuidar la vida que lleva dentro. Luego, al momento del "nacimiento", ella ayuda en manejar esta parte del proceso, la más difícil y dolorosa. Después, ella no solamente celebra la victoria, sino que enseña a la mujer cómo nutrir, cargar y cuidar el sueño que ha nacido de su corazón.

. . . .

**Todas necesitamos un poco de ayuda
a lo largo del camino, y todas
tenemos algo que ofrecer.**

. . . .

El enemigo quiere matar las cosas en nuestro espíritu que están destinadas a producir vida. Necesitamos mujeres que nos asesoren para escoger vida en lugar de muerte. Una mujer sabia, que anima, puede ayudar a otra mujer a evitar que aborte sus sueños y su destino en un momento de amenaza, temor o pánico.

Si Dios ha puesto un sueño en usted, pero el camino para lograr esa meta parece imposible, no se desespere. Afortunadamente, los planes crueles y asesinos de nuestro enemigo no detienen a Dios. Él entra justo en nuestras áreas de cautiverio y demuestra Su poder. Mientras más grande sea nuestra opresión, más gloriosa nuestra liberación.

Pida a Dios que le envíe una "partera" para ayudarla a llegar a su destino. Él proveerá a alguien para animarla diciéndole cosas como: "Tú puedes hacer esto. Yo misma he estado en este punto, pasé por él y vi el resultado de bendición. Yo sé cómo navegar en esta transición. No te voy a soltar hasta que des a luz y te voy a ayudar a proteger tus sueños".

MADRES SUSTITUTAS

Hoy día, estamos más equipadas que nunca para ayudar a parejas a superar problemas de infertilidad y tener sus propios hijos. La tecnología y la intervención médica son sorprendentes. Algunas parejas hasta han llegado a utilizar una sustituta para ayudarles a tener un bebé. Una "sustituta" se define como una que toma el lugar de la madre. Mientras que ésta parece ser una solución moderna, las sustitutas han existido por siglos.

¿Recuerda a Sara, Raquel y Lea? Ellas obligaron a sus criadas a servir como sustitutas a favor de ellas. Estas mujeres, aunque no lo hayan elegido, dieron vida en lugar de aquellas que no podían. Ellas fueron utilizadas como cargadoras de vida para ayudar a otras a superar un periodo de esterilidad.

Yo creo que la substitución está cerca del corazón de Dios. Tal vez verdaderamente usted nunca ha considerado este pensamiento. Cristo se volvió un sustituto del sacrificio por usted y por mí. Permítame explicarle.

Cuando Cristo estaba en la cruz, Él se involucró en la batalla más grande que jamás se haya peleado al "cargar" voluntariamente nuestros pecados. Pese a Su propia santidad, Él se volvió un sustituto sacrificial para todo aquel que creyera. Cuando Él completamente "laboró" bajo el peso de la separación del Padre, experimentó la muerte prometida a Adán, Eva y nosotros. En otras palabras, Él hizo el trabajo, la labor, por nosotros. Él se volvió un sustituto para nuestra muerte.

Afortunadamente, ese no es el final de la historia.

Tres días después, Él venció a la muerte y resucitó. Como un resultado de Su resurrección, nosotras podemos, ahora, recibir Su regalo de vida eterna libremente. Cuando somos "nacidas de nuevo", nos volvemos sustitutas, llevando la presencia del Espíritu Santo y convirtiéndonos en conductos de Su vida. Ya no somos estériles.

El día que Él se levantó de la tumba, ganó no solamente una batalla, sino la guerra entera. Él venció a la muerte y derrotó a Satanás. Él cumplió la profecía de Génesis 3, y aplastó la cabeza de nuestro enemigo. Desde ese momento, el resultado de nuestros conflictos estaba determinado. Usted y yo hemos sido restauradas a nuestro diseño original, como portadoras de la imagen, vida y amor de Dios. Nosotras, quienes éramos portadoras de muerte, nos hemos divinamente convertido en vasos de vida.

· ·

**Necesitamos mujeres que nos asesoren
para escoger vida en lugar de muerte.**

· ·

Usted y yo estamos en el negocio de ser dadoras de vida sustitutas también en otras maneras. Podemos unirnos a nuestras hermanas y ayudarlas a sustentar y nutrir a sus hijos. Podemos volvernos una porta-dora secundaria de sus sueños y destinos. Podemos derramar fortaleza en una madre que lucha y bendiciones sobre un bebé vulnerable. Podemos, además, servir a las mujeres jóvenes que sean huérfanas, literalmente o de manera figurada. Podemos convertirnos en madres sustitutas para aquellas que tienen relaciones rotas con sus familias.

Quizá usted conozca a alguien que tiene un sueño en su corazón, pero que no tiene destrezas, habilidades o confianza para llevar a cabo ese sueño. Usted podría ser la respuesta a las oraciones de esta mujer. Su vientre espiritual, diseñado para portar vida, puede ser lo que se necesi-ta para ayudar a otra a llevar sus sueños a término.

MADRES ADOPTIVAS

Como las parteras en Éxodo 1 se negaron a tomar las vidas de los bebés, varones hebreos, nuestro libertador del Antiguo Testamento, Moisés, sobrevivió el mandato de muerte. Su madre y su hermana lo escondie-ron durante todo el tiempo que fue posible, tratando de proteger y ali-mentar su vida. Cuando no pudieron esconderlo más, lo pusieron en una canasta y la colocaron en el río Nilo.

No puedo imaginarme cuán desesperada debió haber estado la madre de Moisés al soltar a su hijo de esa manera. Quizá ella obtuvo la idea de una visión o un sueño. Los capataces egipcios de esclavos registraban las casas de los hebreos buscando bebés varones. Me pregunto si su her-mana, Miriam, es a quien se le ocurrió la idea de lanzarlo en el podero-so Nilo y ver qué pasaba.

Cuando la hija de Faraón iba caminando junto al río, notó una canasta entre los juncos. Cuando la abrió y vio al bebé adentro, sintió compasión por él. Inmediatamente supo que él era uno de los niños hebreos que su padre había ordenado matar. Tuvo que haber sabido las consecuencias de intervenir en esta situación, el costo personal para ella y su casa. Ella pudo haberse alejado y dejar que el bebé muriera. Pudo haberlo ahoga-do. Pudo haber llamado a los capataces egipcios y entregarles el bebé. Sin embargo, ella no hizo nada de eso.

Miriam, quien había estado escondida entre los juncos, hizo algo muy valiente. Ella se acercó cortésmente a la hija de Faraón e hizo lo que hoy llamamos una "venta asumida". Asumiendo que la princesa podría querer salvar la vida del niño, le dijo: *"¿Quiere que vaya a buscar a una mujer hebrea para que le amamante al bebé?"* (Éxodo 2:7).

Cuando la princesa accedió, Miriam corrió a asegurar la ayuda de su mamá. Sin saberlo, la hija del Faraón asignó al niño a su propia madre y le ofreció pagarle por sus cuidados.

. . . .

**Dios puede usarnos para volver a criar a aquellas
que necesitan alimento, afecto y aceptación.**

. . . .

Esta mujer, movida por la bondad, escogió convertirse en la madre adoptiva de Moisés. Ella estaba singularmente posicionada para estar a su lado y preservar su vida. Compartiría con él sus recursos, su hogar y su influencia. La madre biológica de Moisés estaba singularmente posicionada para preservar su vida. Para que Moisés pudiera cumplir su destino, ella tenía que permitir que otra mujer criara a su hijo.

Dios usó a ambas mujeres para proteger al futuro libertador de Israel poniéndolo justo bajo las narices de su enemigo.

Moisés creció con la influencia de dos madres: una natural, una adoptiva. Ambas eran necesarias para prepararlo para su destino y propósito.

Algunas veces, nosotras también necesitamos muchas madres. Si somos como Moisés, de alguna manera aparentemente huérfanas por nuestras circunstancias, podríamos necesitar a una princesa propia para defendernos. Ya sea que tengamos madres, hermanas y familias que realmente se preocupen por nosotras, o si, a cambio, estamos sufriendo de un espíritu de orfandad, Dios le permitirá a otra madre que se haga presente en el momento de nuestra necesidad y ofrezca su sabiduría, nutrición, aceptación y protección.

. . . .

**Ahora, nuestro legado femenino es
de amor, gracia y vida eterna.**

. . . .

Usted y yo también podemos ser madres para otras mujeres. Podemos abrir nuestros corazones y hogares a aquellas que son huérfanas emocionalmente. Cada una de nosotras tiene el privilegio llegar al lado de nuestras hermanas y, siendo movidas a compasión, ofrecernos como una ayudante, protectora y proveedora. Podemos compartir de nuestra bodega: un puerto seguro, una palabra de consejo sabio o hasta una relación de por vida. Dios puede usarnos para volver a criar a aquellas que necesitan alimento, afecto y aceptación.

Usted y yo ya hemos experimentado la gracia única de haber sido rescatadas por medio de la adopción. Romanos 8:15 (LBLA) nos dice: *"Pues no habéis recibido un espíritu de esclavitud para volver otra vez al temor, sino que habéis recibido un espíritu de adopción como hijos, por el cual clamamos: ¡Abba, Padre!"*. Tenemos un Padre celestial que gentilmente nos ha dado Su nombre, autoridad y amor. Tenemos un hermano en Jesús, quien voluntariamente entregó Su propia vida para librarnos de la muerte. Nuestro "Papito" nos da familias, tanto naturales como espirituales, para que nos cuiden y ayuden a realizar nuestros destinos. Él ha reemplazado nuestras maldiciones generacionales con una abundancia de bendiciones generacionales. Ahora somos parte de un linaje real, con todos los privilegios y responsabilidades de una hija.

Podemos servir a otras mujeres como madres, mentoras, parteras, sustitutas y hasta madres adoptivas…dadoras de vida. Aquellas que se sienten rechazadas, amenazadas o ignoradas pueden ser colocadas en familias. Aquellas que son vulnerables e incapaces de cuidad de sí mismas pueden ser estabilizadas y nutridas. Lo que Satanás quiso que fuera un golpe devastador en una guerra eterna, puede convertirse en un sendero hacia la vida y la paz.

AÚN UNA MUJER MARAVILLA

Ahora que soy adulta, casada con cuatro hijos, llevo una vida, aparentemente, ordinaria. Estoy rápidamente, pasando mis años de mediana edad, viendo a mis hijos convertirse en adultos, celebrando más de treinta años de matrimonio y tratando a diario de mantenerme al día en el cuidado de mi madre. Frecuentemente, me abruman mis muchos errores como esposa, mamá, hija y amiga. Si no tengo cuidado, me concentraré en mis pecados, creeré las mentiras del enemigo y seré convencida de que soy débil e indefensa.

Pero la verdad es, en alguna parte dentro de mí, todavía hay un susurro de una Mujer Maravilla. Pienso que ese susurro también está dentro de usted. Después de todo, cuando usted y yo clamamos el nombre de Jesucristo, al instante, nos volvemos una nueva creación. En ese momento, fuimos adoptadas en un linaje real. Fuimos maravillosamente formadas en el vientre de nuestra madre, equipadas, aptas y facultadas por el Espíritu Santo para ser heroínas y para guiar a la gente a lugares de integridad, amor y victoria. Nuestro legado femenino es ahora uno de amor, gracia y vida eterna.

• • • • •

PREGUNTAS PARA REFLEXIONAR

+ Cuando era niña, ¿quiénes eran sus heroínas? Describa una o dos de ellas

+ ¿Qué acerca de esas personas las hacía tan interesantes?

+ ¿Quiénes son sus heroínas ahora? ¿Qué las hace interesantes?

+ ¿Ha tenido una mentora en su vida? Describa esa época.

Describa la relación con su madre. ¿Qué aspectos fueron positivos? ¿En qué formas la nutrió y cuidó de usted?

En el capítulo 5, hablamos de la necesidad de perdonar a aquellas que pudieron habernos lastimado, aunque fuera sin intención. Es posible que su madre encaje en esta categoría. Si usted se da cuenta que necesita empezar a caminar en perdón hacia su madre, (y no hay vergüenza o deshonra si lo hace, la mayoría de nosotras necesitamos perdonar a nuestras madres en cierta medida), tome la oportunidad ahora de hablar con Dios acerca de eso. Si usted lo necesita, refiérase al ejercicio en la página 64.

✦ ¿Quiénes son algunas de las otras mujeres que pudieron haberla "criado"? Haga una lista de sus cualidades.

✦ ¿Hay alguien en su vida que pueda necesitar crianza? ¿Quién puede necesitar alguien que vaya a su lado y la nutra, anime y proteja? Piense en ser algo como una madre adoptiva para ella. ¡Comprométase a tomar el riesgo de contactarla!

"Las mujeres de la actualidad necesitan desesperadamente 'parteras', mujeres que se especialicen en ayudar a otras mujeres a dar a luz no solamente a hijos naturales, sino a los sueños y destinos de sus corazones". (Pág. 104)

✦ Esa descripción, ¿qué hace nacer en su corazón? ¿Reconoce su propia necesidad de alguien que actúe como una partera para sus sueños y destino? Pida a Dios que le guíe hacia una mujer que pueda comprometerse a ayudarle a dar a luz esas cosas que están en su corazón.

✦ Quizá usted está llamada a caminar junto a otra mujer para apoyarla en su propio proceso. ¿Qué experiencias ha tenido que puedan animar a alguien más?

"Tres días después, Él venció a la muerte y resucitó. Como un resultado de Su resurrección, nosotras podemos, ahora, recibir Su regalo de vida eterna libremente. Cuando somos "nacidas de nuevo", nos volvemos sustitutas, llevando la presencia del Espíritu Santo y convirtiéndonos en conductos de Su vida. Ya no somos estériles". (Págs. 106-107)

+ En el capítulo 2, identificamos algunas áreas donde podríamos experimentar esterilidad. Regrese y lea lo que escribió después de leer ese capítulo.

+ Tome un momento y pida a Dios que hable vida en esos lugares estériles. Reconozca que usted tiene ahora al Espíritu Santo viviendo en usted, que Su vida está presente.

+ Pregúntele si Él tiene algo más que le gustaría decirle acerca de esas cosas (¡no se olvide de escuchar Su respuesta!). Escriba en su cuaderno lo que escuche.

"El Señor tan solo habló y los cielos fueron creados. Sopló la palabra, y nacieron todas las estrellas". (Salmo 33:6)

Capítulo 8

Llamada al frente

LAS MUJERES TIENEN EL PODER DE MULTIPLICARSE

• • • • •

Antes que yo te formara en el seno materno,
te conocí, y antes que nacieras, te consagré,
te puse por profeta a las naciones.

JEREMÍAS 1:5 (LBLA)

Al principio de mi tiempo como pastora, tuve un encuentro significativo con Dios sobre el tema de las mujeres. Servía como pastora en una iglesia pequeña, y armé un plan para que un grupo de nosotras viajara fuera de la ciudad y asistiera a un retiro de otra iglesia. Nos distribuimos en cuatro vehículos para hacer el viaje. Naturalmente, hicimos los grupos por relación y condición de vida. Yo manejé el automóvil líder, y nuestras jóvenes mujeres estaban en el automóvil al final de la caravana.

No habíamos estado mucho tiempo en carretera cuando empecé a sentir su resistencia para seguir mi guía. Ellas manejaron a su propia velocidad e hicieron sus propias paradas. Estaba chequeando mi retrovisor constantemente, reduciendo la velocidad por ellas o haciendo virajes en U para regresar a buscarlas. Esto era solo una pequeña molestia, pero evidentemente se convirtió en una frustración para mí.

Cuando llegamos al lugar de encuentro, nos volvimos a dividirnos por amistad, de manera que las damas jóvenes se separaron de la mayoría del grupo. Yo había asumido que ellas querrían andar con el resto de nosotras y disfrutar la oportunidad de experimentar juntas un "retiro dentro del retiro". Varias cosas que ellas dijeron me hicieron saber que eso no sucedería.

Siendo una líder joven y sin entender verdaderamente las dinámicas de la situación, me enojé. Debido a que yo tenía ciertas expectativas acerca de cómo deberían comportarse (las cuales no me molesté en comunicarles), me sentí personalmente rechazada e irrespetada. Escondí mis pensamientos de las damas a mi alrededor, pero no del Señor.

Esa noche durante el tiempo de ministración, aclaré mi situación con el Señor, pidiéndole que me ayudara a lidiar con mis sentimientos.

De repente, sentí que alguien me tocaba el hombro. Una de las damas jóvenes se sentó a la par mía. Ella se disculpó por su comportamiento y me dijo que había tenido dificultades con las mujeres. Compartió su experiencia personal acerca de su relación con su mamá. Me di cuenta que ella había resistido mi liderazgo porque sentía que yo estaba tratando de "ser su mamá".

. . . .

Muchas veces, carecemos del poder de multiplicar lo que Dios nos ha dado porque estamos muy ocupadas enfocándonos en aquello que no tenemos.

. . . .

Mi corazón se quebrantó. Todas mis frustraciones se desvanecieron y me llené de compasión. Oramos juntas y nos perdonamos mutuamente. El resto del fin de semana continuó sin mucha unidad.

La tarde siguiente, estaba sola en mi habitación, dando gracias a Dios por el avance, cuando el Señor claramente me dijo: "Tú eres una madre de madres".

Él me dio un nombre.

Era similar a cuando Él cambió el nombre de Simón por el de Pedro, o Saulo por Pablo o Saray por Sara. Él sopló sobre mí en ese momento y me marcó. Nunca volví a ser la misma.

Supongo que usted podría decir que recibí órdenes especiales ese día. En un momento, me dieron de alta y me enviaron al frente de batalla.

Algunas veces he luchado con esta idea, y muchas veces he fallado, miserablemente, en vivir a la altura de este designio. Pero fue depositada en mí como una semilla, y ha estado creciendo con más fruto desde entonces. No es algo que yo pueda desarrollar por mí misma. Es mi llamado y crece a medida que yo me rindo más a su propósito y poder.

El encuentro con esa dama joven fue mi primer ejemplo de un momento donde yo pude entrar en la vida de otra mujer y servirla como una madre. En su momento de vulnerabilidad, Dios me dio la gracia para reaccionar con apoyo, consuelo y amor. Salió del lugar en mí que estaba siendo sanado.

UNA CADENA DE REACCIÓN

Todas hemos recibido un nombre y un llamado. El Comandante en Jefe de los ejércitos angelicales ha despachado a Su Hijo para guiarnos a la victoria. Usted y yo hemos sido invitadas a reportarnos a la faena. Él está esperando que vengamos al frente y nos centremos para recibir nuestras asignaciones.

En Tito 2:1-8 (NBLH), la Escritura nos dice:

> *Pero en cuanto a ti, enseña lo que está de acuerdo con la sana doctrina: Los ancianos deben ser sobrios, dignos, prudentes, sanos en la fe, en el amor, en la perseverancia. Asimismo, las ancianas deben ser reverentes en su conducta, no calumniadoras ni esclavas de mucho vino. Que enseñen lo bueno, para que puedan instruir (exhortar) a las jóvenes a que amen a sus maridos, a que amen a sus hijos, a que sean prudentes, puras, hacendosas en el hogar, amables, sujetas a sus maridos, para que la palabra de Dios no sea blasfemada. Asimismo, exhorta a los jóvenes a que sean prudentes. Muéstrate en todo como ejemplo de buenas obras, con pureza de doctrina, con dignidad, con palabra sana e irreprochable, a fin de que el adversario se avergüence al no tener nada malo que decir de nosotros.*

Si el mundo fuera perfecto, nosotras naceríamos, creceríamos, daríamos a luz, envejeceríamos, nos volveríamos abuelas (madres de madres) y entraríamos en nuestro destino eterno felices con nuestras vidas. Nuestro legado sería que nuestras hijas experimentaran el mismo ciclo de gracia. Estaríamos inmersas en una cadena de reacción de la proporción de Tito 2.

A usted y a mí nos han dado un mandato para guiar a mujeres más jóvenes a vidas de justicia. Sin embargo, sus "cadenas de reacción" con frecuencia están rotas. Muchas mujeres nacen en ciclos generacionales y situaciones que están en exacta oposición al plan perfecto de Dios. No podemos seguir sin avanzar en la batalla por sus destinos. Hemos sido asignadas a hacer discípulas que sean fuertes, integrales y claras acerca de su llamado.

Cuando Dios me nombró, Él puso en movimiento una secuencia de eventos que establecieron un fundamente sobre el cual yo pudiera empezar a construir un legado de amor para las mujeres en mi vida. Por así decirlo, Él activó lo que era excelente en mí: mi capacidad de dar vida.

PODER PARA MULTIPLICAR

La intención de Dios ha sido siempre que la humanidad sea fructífera y se multiplique abundantemente. Como resultado, tenemos el poder de multiplicar todo lo que Él nos da.

. . . .

Todas nosotras hemos recibido un nombre y un llamado.

. . . .

Cuando dos se hacen uno, allí está el poder de multiplicación. Esto sucede en el matrimonio entre hombre y mujer, pero también sucede en toda relación. Cuando dos mujeres se unen y crean un entendimiento piadoso, madre a hija, hermana a hermana, o amiga a amiga, hay un potencial innato para producir vida, impartir amor y multiplicar una bendición.

Entonces, ¿por qué no vemos más multiplicación en nuestras vidas? A menudo, carecemos de poder para multiplicar lo que Dios nos ha dado porque estamos muy ocupadas enfocándonos en aquello que no tenemos. En lugar de preguntarnos a nosotras mismas: "¿Qué tengo?", hablamos con Dios acerca de lo que no tenemos. Más que eso, nos enfocamos en nuestros errores y en nuestras heridas, creyendo las mentiras que producen muerte y gastando nuestras vidas sin darnos cuenta del potencial que hay dentro de nosotras.

Jesús nos mostró la clave para la multiplicación. ¿Recuerda cuando Él alimentó a la multitud con unos peces y unos panes? No fue sino hasta que Él partió y bendijo que los discípulos dijeron que no era suficiente, que la comida empezó a multiplicarse.

· ·

Muchas mujeres han llegado a ser maravillosas dadoras de vida, incluso teniendo inicios imperfectos, matrices inactivas y relaciones destrozadas.

· ·

¿Qué pasaría si ese pequeño niño que tenía unos peces y unos panes se hubiera negado a dárselos a Jesús? Miles de personas habrían tenido hambre, no solamente el niño, quien de todos modos no tenía suficiente.

La mayoría de nosotras tenemos miedo de dar lo poco que tenemos a alguien más. Cuando sentimos que no tenemos suficiente de algo, tendemos a acumularlo, temiendo que no tendremos lo que necesitamos. Esto hace que seamos tacañas. Además, Dios no multiplicará lo que no ofrecemos. Algunas veces, lo que tenemos para ofrecer es el lugar de nuestra esterilidad o falta. Nuestro dolor y pérdida parecen insuficientes como una ofrenda a Cristo. Sin embargo, cuando bendice lo que previamente llamó maldito, usted se posiciona a sí misma para un milagro de proporciones matemáticas.

Dios no nos multiplica por nuestras propias fuerzas o abundancia. Sino Él toca los lugares dentro de nosotras, que son frágiles, que están quebrados o rotos y, en esos precisos lugares, Él empieza a multiplicar. Lo que usted pensó que la descalificaba es en realidad lo que la hace apta. Lo que el enemigo hizo para destruir su destino es, de hecho, el camino a su productividad.

¿Por qué no darle a Cristo lo "poquito" que usted tiene? No es suficiente para sostenerla de todos modos. Adelante, bendiga los lugares de su esterilidad, su dolor, su escasez, sus temores. Sus éxitos, sus victorias, su provisión y sus recursos tampoco la llevarán a donde usted espera llegar. Usted tiene que ofrecer a Cristo todo lo que posee para recibir un milagro de multiplicación.

Jesús tomó la pequeña ofrenda del niño y la bendijo, dando gracias por ella. La mayoría de nosotras no da gracias a Dios en nuestros lugares de escasez. Miramos nuestros recursos limitados o nuestro tiempo finito y nos quejamos o preocupamos. Consideramos que nuestro quebrantamiento no tiene valor.

¿Qué pasaría si simplemente bendijéramos esas cosas?

No quiero decir que tengamos que estar agradecidas por las maldiciones como el cáncer. Pero yo agradezco que el cáncer, el cual trató de destruirme, preparara un nuevo comienzo para mí, donde Dios me mostró Su fidelidad en magníficas maneras. No tenemos que dar gracias por el abuso. Pero podemos estar agradecidas de que el abuso nos da la capacidad para reconocer el amor verdadero y la aceptación y saber que es un gran milagro experimentar la sanidad. Usted, naturalmente, no daría gracias por la muerte. Pero podemos agradecer que la pérdida de nuestra vida natural pueda ser un sendero a la vida eterna, donde nunca más sentiremos dolor, pesar o escasez.

Sea agradecida por todo lo que tiene, ya sea grande o pequeño, y sea generosa con ello. Ofrézcaselo todo a Jesús con gratitud. Generosidad por gratitud es igual a multiplicación. Si usted da lo poquito que tiene, Dios lo multiplicará y todas nosotras podremos comer de la abundancia.

LLEGAR A SER UNA DADORA DE VIDA

Mi esposo y yo habíamos estado casados por cinco años cuando tomamos la decisión de tener un bebé. Ninguno de nosotros había tomado la iniciativa para llevar esta responsabilidad y, todavía, recuerdo el peso de esta decisión. Una cosa es estar casados y recibir una sorpresita: "¡Ups! Adivina, ¡vamos a tener un bebé!". Pero es otra cosa decidir conscientemente el producir vida.

Cuando efectivamente decidimos tomar este trayecto, nos encontramos incapaces de concebir. Después de dos años y un poco de intervención médica, finalmente quedé embarazada. No podría haber estado más emocionada cuando el doctor confirmó mi condición. En el proceso de dos años tratando de tener un bebé, me creció un profundo deseo de tener un hijo. Esta ya no era una decisión mental acerca de tomar la responsabilidad de la maternidad. En realidad, yo anhelaba ser madre. Cuando llevaba unas seis semanas, tuve algunas complicaciones que casi resultan en una pérdida. Oré fervientemente para que la vida de mi hijo fuera prolongada. Cualquier duda que haya tenido acerca de traer una nueva vida al mundo se disolvió por completo. Yo estaba totalmente segura de que quería este bebé. Ansiaba ser madre.

En septiembre de 1990, finalmente di a luz a una niña. Ashley llegó diez días antes y con algunas complicaciones. El doctor tuvo que hacerme una cesárea. Todo terminó saliendo bien, pero en el momento del parto, mi recién nacida y yo no tuvimos la oportunidad de crear un vínculo. La enfermera se la llevó y a mí me enviaron a recuperación. En la tarde, cuando ya estaba en mi propia habitación (y lúcida), la enfermera me trajo a Ashley.

· ·

A veces, las cosas que damos a luz llegan
solamente a través gran lucha y perseverancia.

· ·

Al tomarla en mis brazos, vi cuán pequeñita era, y cuán hermosa. Cuando le quité la sabanita, revisé sus extremidades y conté sus dedos de las manos y los pies, mi corazón explotó con lo que solamente puedo describir como el dolor más dulce que he conocido. Una profunda liberación de amor, que hizo mi alma añicos, pasó por todo mi cuerpo. Yo había sentido el amor de mis padres, de mi esposo y de otras personas. Pero nunca había conocido un amor como este. Finalmente comprendí de qué se trata la vida.

Me había convertido en madre. Más que eso, tomé consciencia de mi propósito. En ese momento, me di cuenta que fui hecha para dar vida.

OTRAS MADRES

En realidad no importan las circunstancias o situaciones en las cuales usted haya nacido o incluso si usted ha dado a luz. Lo que importa es lo que hace con sus experiencias de dar vida. Muchas mujeres han llegado a ser maravillosas dadoras de vida, incluso teniendo inicios imperfectos, matrices inactivas y relaciones destrozadas.

Demos un vistazo a algunas mujeres de la Biblia que superaron obstáculos significativos para llegar a ser dadoras de vida. Le apuesto que encontrará algunas madres con las que se puede identificar.

Betsabé

Betsabé tuvo una relación extra marital con el rey David que resultó en el nacimiento de un hijo. Su unión ilícita desencadenó toda una serie de eventos, y pecado, que se extendió a asesinato y engaño, y a la muerte del niño. Decir que el inicio de su relación estaba fuera de orden sería una sutileza.

Sin embargo, el rey David, con el tiempo, se arrepintió de su pecado y nació otro hijo de la unión de ellos. Salomón resultó ser un gobernador apacible, cuya sabiduría fue legendaria.

La historia de Betsabé nos da esperanza. La concepción no es un indicador de nuestro destino. Aun si usted fue concebida por trauma o pecado, o si usted dio a luz en medio de engaño o amenaza, Dios tiene un plan para usted y para sus hijos. Isaías 49:1 nos dice que antes de nacer el Señor nos llamó, desde el seno materno Él mencionó nuestros nombres. No importan las circunstancias de su nacimiento, usted es conocida y fue escogida por Dios. Además, aunque sus hijos hayan tenido un comienzo difícil, Dios tiene Su mano sobre ellos. ¿Quién sabe? El hijo concebido en dificultad podría simplemente convertirse en un gobernador sabio o en una bendición para las naciones.

Ana

La historia de Ana es una de las más conmovedoras en toda la Biblia. Al igual que muchas mujeres, ella sufrió esterilidad. Además, al igual que Lea, fue muy maltratada por la otra esposa de su marido, una mujer extremadamente fértil llamada Penina. En 1 Samuel 1:6-7 (NTV), "*De manera que Penina se mofaba y se reía de Ana porque el Señor no le había permitido tener hijos. Año tras año sucedía lo mismo*". ¿Puede sentir su angustia?

Pero Ana no se hundió en su miseria ni se quejó de sus circunstancias. Tampoco trató a Penina de la forma que ella estaba siendo tratada.

Ella volvió su atención a Dios y le entregó sus deseos. En vez de permitir que su amargura floreciera, o devolver insulto por insulto, ella continuamente hacía sus peticiones a Dios. Con el tiempo, dio a luz un hijo, Samuel, y altruistamente lo dedicó al servicio de la casa de Dios.

Ana tuvo otros cinco hijos. Además, Samuel llegó a ser uno de los líderes religiosos y políticos más grandes de su generación, con el tiempo se convirtió en profeta, sacerdote y consejero de los reyes de Israel.

¿Qué hubiera pasado, si Ana se hubiese rendido bajo la arremetida de odio y el dolor de la esterilidad? Ella habría traído miseria a sí misma y a su familia el resto de sus días. Dios no la habría podido premiar por su confianza en Él dándole a Samuel y a los otros hijos. Sin Samuel, los reyes de Israel no habrían recibido el consejo divino que él proveyó. Además, no habríamos conocido la historia de una joven esposa que superó sus circunstancias y confió en que Dios haría un milagro.

· ·

Dios ve, y Él puede protegerle, defenderle, consolarle, liberarle y sanarle.

· ·

Algunas veces las cosas que damos a luz vienen solamente a través de una gran batalla y perseverancia. Quizá usted haya sido oprimida por otra mujer, o siente como si alguien importante para usted, o Dios, la ha ignorado. Aun si usted optó por pelearlo a puñetazos con su enemigo en el pasado, usted puede optar hoy por ser como Ana y voltear hacia Dios con su dolor y sus necesidades.

Rehúse desperdiciar su fuerza en amargura o peleas innecesarias. Mejor piense en lo que un día usted podría llevar en el vientre de su espíritu y cómo Dios podría usarlo para Sus propósitos. Jeremías 29:11 (LBLA) dice:

> *"Porque yo sé los planes que tengo para vosotros"* —declara el Señor— *"planes de bienestar y no de calamidad, para daros un futuro y una esperanza.*

Sara

¿Recuerda a Sara, la que trató tan mal a Hagar? Bueno, ¡tengo buenas noticias! No solamente superó sus inseguridades y su pecado, ella en realidad llegó a ser madre de naciones (Génesis 17:16), cuando experimentó el cumplimiento de la promesa profética de Abraham a través de su propio cuerpo finalmente dando a luz a Isaac.

. . . .

Me parece interesante que Dios
enviara al profeta donde una mujer
que estaba pasando por una tremenda
escasez en su vida, una madre
soltera, tratando de sobrevivir.

. . . .

Quizá, usted ha ridiculizado, abandonado o herido a alguien más. Tal vez, usted haya desistido de sus sueños o renunciado a su justa posición por otra persona. Posiblemente, usted haya mirado su esterilidad y haya perdido la esperanza en el potencial fruto de su matrimonio, o tal vez hasta de su vida. Pero si confía en Dios, nunca es demasiado tarde para que las situaciones que parecen imposibles se vuelvan posibles.

Hagar

Y, ¿sabe qué le pasó a Hagar? Cuando escapó de Sara, ella fue directamente a los brazos del ángel del Señor. Dios escuchó el clamor de su corazón y la buscó. Ella lo llamó a Él "el Dios que ve". Fortalecida por esta visita del Todopoderoso, Hagar regresó a casa, superó su abuso y se convirtió en la madre de Ismael. Y, a pesar de los despreciables detalles de su concepción, Dios le dio una bendición divina y un destino eterno.

Las mujeres atrapadas en situaciones abusivas, a menudo luchan con sus percepciones acerca de Dios. No pueden comprender que un Dios amoroso permita que les pase algo tan perjudicial a ellas y a sus seres queridos. Ellas se preguntan si Él en realidad sabe qué es lo que sucede tras las puertas cerradas. O si, verdaderamente, le importa.

La verdad es que a Dios sí le importa. Profundamente. El abuso jamás, nunca, es Su voluntad.

El abuso puede tomar todo tipo de formas y existir en una variedad de relaciones. Tal vez, al igual que Hagar, usted ha sido emocional o espiritualmente rechazada. Quizá, haya sido golpeada físicamente, o haya sufrido agresión verbal. Es posible no haya sido una mujer la que le hirió, sino un hombre. Hasta usted pudo haber abusado a alguien.

No responda a su dolor rechazando a la gente. Investigue un poco y encuentre recursos que puedan darle libertad. Contacte a alguien y déjele saber que necesita ayuda. Piense en hablarle a un amigo, un familiar o a una iglesia. O, llame a un centro de defensa de víctimas de abuso o a la línea directa de violencia doméstica.

El abuso es un crimen. Si su salud, bienestar o vida está amenazada, no dude en salirse del alcance del daño. Busque ayuda. Luego, haga lo que sea necesario para protegerse a sí misma y a sus hijos.

Además de lo que sea que haga, clame al Señor y pídale que dirija sus pasos. Esto no es un cliché ni tampoco una medida desesperada. Dios ve, y Él puede protegerla, defenderla, libertarla y sanarla.

Débora

En el libro de Jueces, leemos acerca de una mujer llamada Débora. La Escritura no menciona que tuviera hijos, pero sí dice que estaba casada, que era profeta y jueza sobre Israel en un tiempo donde la nación estaba en grandes problemas. "*...se cerraron los caminos; marchaban los caminantes por senderos desviados. [...] la guerra les llegaba a las puertas; no se veía un escudo, ni una lanza entre los cuarenta mil de Israel*" (Jueces 5:5-8, BLPH) Débora vivió en una época de agitación política, social y económica. Los líderes de ese entonces se habían vuelto perezosos y no quería hacer lo que fuera necesario para guardar, proteger y desarrollar al país. ¿Le suena familiar?

. . . .

Todas las mujeres son
extraordinarias, incluso usted.

. . . .

Aquellas que trabajan fuera de casa, algunas veces se encuentran preguntándose a sí mismas sobre sus prioridades maternales y continuamente preocupadas acerca de sus decisiones. He sido una mamá que trabaja la mayor parte de mi vida de casada. Pasé mucho tiempo sintiéndome culpable por casi todo. Si estaba en el trabajo, sentía que debería estar en casa. Si estaba en casa, muchas veces pensaba en cosas de trabajo. Le permití al enemigo convencerme de que era una madre mediocre y una persona egoísta por contribuir a las finanzas de nuestro hogar.

Ya sea que usted tenga un trabajo fuera de casa o no, ¡usted trabaja! Todas las madres lo hacen. Así que, acepte su trabajo y hágalo como para el Señor. Manténgase físicamente disponible y emocionalmente unida a su familia. Practique estar presente en todo momento. Enfoque su atención en lo que tiene a la mano.

Dios conoce las necesidades de su familia. Si usted es una mamá que se queda en casa, ¡fantástico! Si usted es una mamá que trabaja, ¡fantástico! Si usted es un poco de ambas, eso también es fantástico. ¡Acepte lo que sea que usted es!

La viuda de Sarepta

En 1 Reyes 17, leemos sobre una viuda sorprendente, una madre soltera. Aunque la Escritura no nos dice su nombre, ella es un modelo de maternidad. Esta mujer estaba al límite de sus fuerzas. Ella enfrentaba escasez en muchas áreas de su vida. No tenía esposo, ni provisión y tampoco esperanza. Ella y su hijo estaban al borde de la hambruna. Cuando la vemos en la Escritura, la encontramos tratando desesperadamente de usar lo poco que tenía para sostener a su familia mientras podía.

Cuando estaba a punto de preparar la última comida para ella y su hijo, con el poquitito de alimento que le quedaba, Dios envió al profeta Elías.

Israel estaba en una sequía severa. Pero Dios tenía un plan para llenar las necesidades de Su profeta, así como las de la viuda y las de su hijo. Él instruyó a Elías que viajara a Sarepta. *"Yo le he ordenado a una viuda de allí que te alimente".* (1 Reyes 17:9). A su llegada a la puerta de la ciudad, él vio a una mujer reuniendo unos palos para hacer fuego y le pidió un pedazo de pan y un poco de agua.

Luego de que ella le explicara su situación, Elías la animó a arriesgarse a usar lo poquito que tenía para darle de comer a él. El profeta le aseguró que si lo hacía, lo que tenía no se le iba a terminar.

Esta mujer fue obediente, atrevida o desesperada. Hizo lo que Elías le pidió y, efectivamente, su provisión no se terminó. De hecho, se multiplicó lo suficiente para alimentarla a ella, Elías y su hijo por varios días. Lo que ella pensó que era el final de su vida, se volvió el camino a la esperanza.

Me parece interesante que Dios enviara al profeta donde una mujer que estaba pasando por una tremenda escasez en su vida, una madre soltera, tratando de sobrevivir.

Ejercer la maternidad siendo soltera es un trayecto gratificante, pero difícil. Sin embargo, las mujeres en esta situación pueden ser y, a menudo lo son, grandes mamás. Algunas de las mejores mamás que conozco son madres solteras. La soltería no tiene que ser un lugar de escasez, la Escritura promete que Dios será "Padre de huérfanos" y "defensor de viudas" (Salmo 68:5). Un padre o madre de familia, más Dios, es suficiente para formar una familia completa y saludable.

MADRES DE LA ERA MODERNA

Aunque es grandioso ver a algunas de las madres sorprendentes de la Escritura, no queremos ignorar a las mamás de hoy día, quienes están haciendo una labor increíble venciendo dificultades y criando a la nueva generación. Mi amiga, Suzette, comparte un testimonio de cómo su mamá está haciendo una diferencia en su familia.

Mi madre es un bello ejemplo de una mujer piadosa. Estoy absolutamente agradecida con Dios por ella. Ella me ha dado amor incondicional y ánimo a lo largo de mi vida. Sus oraciones y guía me permitieron conocer a Jesucristo como mi Señor y Salvador personal.

Mi madre es mi mejor amiga. Le puedo contar todo, y ella me ama de igual manera. Ella, también, es mi guerrera de oración. Cuando oramos juntas, Dios siempre responde, y Él ha hecho muchos milagros en nuestras vidas.

Mi madre es mi mentora, también; a quien acudo por consejo. Su ejemplo piadoso como esposa y madre ha significado todo para mí. ¡Sólo Dios pudo poner toda esa maravilla en una persona!

*Le pido a Dios que yo pueda tener ese tipo de relación con mi
hija a medida que se vaya haciendo mujer. Y que yo sea capaz de
guiarla eficazmente para esperar en Dios para que supla sus necesidades y sane sus heridas.*

EXCELENCIA

Todas las mujeres son extraordinarias, incluso usted. Usted probablemente
no se llamaría a sí misma "extraordinaria". Después de todo, eso no suena muy humilde. Entonces, usted se conforma con "suficientemente
buena". Ya que usted no es mala persona, piensa de sí misma como una
buena persona.

Pero Dios no quiere que seamos simplemente buenas. Estamos diseñadas para ser excelentes en Sus ojos. No de la excelencia según la definición del mundo, sino de la que viene cuando usted conoce al Más
Excelente. Existimos para Su gloria, y nada es más excelente que eso.
Eso es por lo que su llamado a las líneas de fuego es tan crítico. Esta es
la razón por la que usted debe *pasar al frente* y reportarse para la desig-
nación. Porque usted fue creada, equipada y recibió poder para ser una
dadora de vida, con la gracia de la capacidad para multiplicar y usted
está llena de excelencia.

* * * * *

PREGUNTAS PARA REFLEXIONAR

✦ Describa un "nacimiento" en su vida, ya sea físico o
espiritual. ¿Cuáles eran las circunstancias que rodeaban
ese evento? ¿Cómo fue el proceso?

En capítulos previos, hemos discutido la "esterilidad", tanto física y
espiritual. A este punto, usted podría estar sintiendo los movimientos
de alguna nueva vida dentro de usted, tal vez unos nuevos sueños y visio-
nes. Haga una pequeña lista.

No tenga miedo de ser sincera. Dios sabe lo que hay en su corazón y
Él obra para proteger y nutrir esas cosas (Salmo 37:4).

Dios no nos multiplica por nuestras propias fuerzas o abundancia. Sino Él toca los lugares dentro de nosotras, que son frágiles, que están quebrados o rotos y, en esos precisos lugares, Él empieza a multiplicar. Lo que usted pensó que la descalificaba es en realidad lo que la hace apta. Lo que el enemigo hizo para destruir su destino es, de hecho, el camino a su productividad. (Pág. 117-118)

+ ¿Qué cosas cree que la descalifican?

+ Pídale a Dios que le muestre cómo Él puede multiplicar lo que enemigo quiso destruir. Escriba en su cuaderno lo que vea y escuche.

"La mayoría de nosotras no da gracias a Dios en nuestros lugares de escasez…¿Qué pasaría si simplemente agradeciéramos por esas cosas?" (Pág. 117-118)

+ El niño pequeño con los panes y los peces no tenía suficiente. Pero aun así, él lo ofreció a Jesús y múltiples vidas fueron impactadas.

+ ¿En qué áreas percibe usted "escasez"?

+ Al igual que el niño pequeño, lleve esas cosas y ofrézcaselas a Jesús. Agradézcale porque Él puede traer abundancia donde nosotras solo vemos escasez.

Cada una de las mujeres que comentamos en este capítulo, tenía un desafío significativo qué superar. Y cada una superó el desafío de manera única.

+ ¿Con cuál de esas mujeres se identifica más? ¿Por qué?

+ ¿Qué parte de la vida de esa mujer y de su máxima bendición podría animarla a usted a medida que supera sus propios desafíos?

"Pero Ana no se hundió en su miseria ni se quejó de sus circunstancias... En vez de permitir que su amargura floreciera, o devolver insulto por insulto, ella continuamente hacía sus peticiones a Dios". (Pág. 120)

+ Acerca de la actitud de Ana, ¿qué fue lo que produjo multiplicación y el cumplimiento de los deseos de su corazón?

+ ¿Qué eventos hay en su pasado que podrían ser raíces de dolor o amargura?

+ En el capítulo 3, discutimos las maneras en que las mentiras del enemigo puede mantener heridas. Si usted ha identificado algunos eventos de su pasado en este capítulo, siéntase en libertad de regresar al capítulo 3 y haga el ejercicio que está allí. ¡Reemplace esas mentiras por Su verdad!

"Porque usted fue creada, equipada y recibió poder para ser una dadora de vida, con la gracia de la capacidad para multiplicar y usted está llena de excelencia. No de la excelencia según la definición del mundo, sino de la que viene cuando usted conoce al Más Excelente". (Pág. 126)

+ Declare esas palabras sobre su vida. ¡Hay poder en su declaración! (Proverbios 18:21)

+ Pídale a Dios que le hable acerca de la excelencia dentro de usted. Él la conoce bien; después de todo, ¡Él es quien la puso allí! Escriba en su cuaderno lo que Él le dice.

**En este capítulo, discutimos el abuso. El abuso es un crimen. Si su salud, bienestar o vida está amenazada (o la de sus hijos), no dude en salirse del alcance del peligro. Busque ayuda. Llame a la oficina contra la violencia doméstica de su localidad. ¡Dios desea que usted y su familia estén a salvo!

Capítulo 9

El arma más poderosa

• • • • •

Éste es mi mandamiento:
Que se amen unos a otros,
como yo los he amado.
Nadie tiene mayor amor que éste,
que es el poner su vida por sus amigos.
JUAN 15:12-13 (RVC)

Yo quiero caminar en poder, poder divino. Me gusta observar a nuestro Señor aparecer en formas que yo puedo ver, escuchar y sentir. Por ello, he dedicado mucho tiempo y esfuerzo aumentando mi conocimiento y entendimiento acerca de lo relacionado al poder de Dios. He estado en presencia de gente que se mueve en poder. He sido tocada por el poder. Ocasionalmente, he sido capaz de orar con poder. Sin embargo, mi capacidad para llevar una vida de poder consistente ha sido menos que digno de tomar en cuenta.

En el 2006, mi esposo y yo hicimos una transición importante en nuestra vida. Nos mudamos de una pequeña comunidad al oeste de Texas al corazón del metroplex de Dallas/Fort Worth. En esa oportunidad, me sentí confundida por el propósito de ese cambio y le pregunté a Dios de qué se trataba. Él me dijo que el año siguiente iba a tratarse del amor.

Para ser sincera, me sentí un poco desilusionada. Yo quería hablar con Dios acerca de más poder. (¡Por favor, dígame que no soy la única!)

EL FRUTO DEL ESPÍRITU

En una conferencia a la que asistí hace algunos años, en medio de la presentación del conferencista, fui interrumpida por una fuerte voz en mi cabeza diciendo *Mi poder fluye en el fruto del Espíritu.*

Con el deseo de escuchar lo que el conferencista decía, apunté las palabras y traté de enfocarme, pero no pude sacar esa oración de mi mente.

En los siguientes meses, pasé una buena cantidad de tiempo contemplando el fruto del Espíritu: amor, alegría, paz, paciencia, gentileza, bondad, fidelidad, humildad y dominio propio. (Gálatas 5:22). Cada vez que oía algo acerca del amor o el gozo o la paz, me recordaba del mensaje que recibí en esa conferencia.

Cuando estudiaba el fruto del Espíritu, me di cuenta que cultivar ese fruto quita el énfasis en mí y coloca el enfoque en los demás. Crea una atmósfera donde hay potencial para que Dios se mueva en poder. Yo mermo y Él se hace más grande. El más simple acto de bondad puede ayudar a los demás a ver más allá, esperar más y escuchar mejor.

· ·

Yo quiero caminar en poder,
poder divino.

· ·

Luego, pensé en las similitudes entre el fruto espiritual y el fruto terrenal. La fruta se cultiva, crece de una semilla, puede dañarse o destruirse fácilmente y tiene que reproducirse estación tras estación. Es perecedera y preparada para consumo rápido. Es dulce, bella y multicolor. Requiere una larga temporada de cultivo y muchas estaciones de podado para producir una cosecha poderosa. Cuando finalmente alcanza su desarrollo, madura, es apetecible y jugosa, lista para darla libremente. Lo más emocionante de todo, la fruta lleva en sí misma el poder de reproducir, la precisa semilla de vida.

Con razón, cuando le pedía a Dios más poder, Él respondía pidiéndome más fruto.

Poco a poco, cambié de suplicarle a Dios por poder y, en su lugar, empecé a buscar más fruto. Este patrón de oración llegó a ser como una vereda que me guiaba al sendero y luego a la carretera. Con el tiempo, empecé a ver, adelante, una "autopista de amor". Una autopista es una carretera larga, que atraviesa el país, con múltiples carriles, múltiples accesos para llevar a la gente a donde quiera ir tan rápida, segura y fácilmente como sea posible. Está diseñada para llevar a un destino en particular, venciendo todo tipo de obstáculos y bloqueos que haya en el camino. Hasta el término "autopista" lleva una connotación de escoger un mejor sendero.

Si me enfoco más en el poder de Dios que en el fruto del Espíritu, termino viajando en círculos, perdiendo el acceso a la rampa del destino del que he estado soñando. Pero cuando suelto mi necesidad de ser la que entrega el poder, me convierto en una autopista de amor sobre la cual la presencia y el poder de Dios pueden moverse.

LOS DONES DEL ESPÍRITU

En 1 Corintios 12, leemos acerca de los dones del Espíritu, los cuales incluyen: sabiduría, conocimiento, fe, sanidad, poder de milagros, profecía, discernimiento de espíritus, diferentes tipos de lenguas e interpretación de lenguas (versículos 8-11).

En los capítulos 12 y 14, aprendemos acerca de la operación de esos dones.

El capítulo 12, termina con: *"les voy a mostrar un camino más excelente"* (NVI).

El capítulo 14, comienza con: *"Empéñense en seguir el [camino del] amor"* (NVI).

En medio de esas dos oraciones está el capítulo 13, que incluye una descripción enfocada al más grande de todos los frutos: el amor.

El amor es paciente, es bondadoso. El amor no es envidioso ni jactancioso ni orgulloso. No se comporta con rudeza, no es egoísta, no se enoja fácilmente, no guarda rencor. El amor no se deleita en la maldad sino que se regocija con la verdad. Todo lo disculpa, todo lo cree, todo lo espera, todo lo soporta.

—1 Corintios 13:4-7

LA MÁS EXCELENTE DE ELLAS

Primera Corintios 13:14 (NVI), nos dice que cuando todo haya sido dicho y hecho, tres cosas quedan: la fe, la esperanza y el amor. *"Pero la más excelente de ellas es el amor"*.

Es como si el capítulo 13 (frecuentemente llamado "el capítulo del amor") fuera el centro blanco y cremoso de una galleta Oreo°. Usted puede dar una mordida bien grande y comerse toda la idea (capítulos 12, 13, y 14) de un solo, o usted puede separar las tapaderas de la galleta y saborear el centro primero.

Todos los dones espirituales son buenos y tienen propósito, pero el amor es la herramienta más poderosa que tenemos para transformar el corazón humano e impactar generaciones.

El amor es un lenguaje universal. Sobrepasa toda barrera cultural, diferencia racial, desafío idiomático y persuasión religiosa. Es mucho más grande que cualquier talento, destreza o designio que usted pueda tener. El amor moverá montañas. El amor restaurará corazones. El amor transformará. Superará toda forma de atadura, vencerá todo rechazo y sanará toda herida.

Lo que hay en usted es exactamente opuesto a lo que hay en su enemigo. Él odia. Usted ama.

Cuando encontramos odio, sabemos que Satanás está activo. Cualquier cosa en su vida que esté relacionada a algo robado, muerto o destruido en sus relaciones es la marca del enemigo. Si hay una herida profunda en su vida, eso no significa que hay algo inherentemente malo con usted. Hay algo inherentemente malo con él.

Si queremos romper el ciclo de herir, daño personal y lesionar mutuo, usted y yo vamos a tener que aprender cómo ser fructíferas y dar amor.

EL AMOR VENCE

Permítame contarle una historia de la Biblia acerca de una mujer amargada que descubrió el poder del amor de Dios, lo que la capacitó para vencer su dolor, desilusión y amargura. Como resultado, ella fue capaz de amar a otros y fue muy bendecida. La historia empieza con la nuera de esta mujer.

Rut amaba a su esposo, a pesar de las diferencias en su crianza. Pero vivir con la familia de él tenía sus desafíos. Sin embargo, había algo acerca de su familia, especialmente su suegra Noemí, que atraía a Rut.

Ruth y Noemí eran muy diferentes la una de la otra. Ellas venían de diferentes culturas y trasfondos espirituales. Estaban en diferentes rangos de edad. Tenían diferentes historias familiares. Tenían diferentes lenguas maternas. Estas dos mujeres eran diferentes en todas las maneras que usted pueda imaginar.

Cuando el esposo de Rut, su suegro y su cuñado murieron, ella debe haberse preguntado qué pasaría con ella. Vivir en un hogar lleno de aflicción y una suegra tan devastada que hasta se llamaba a sí misma "amarga" (Rut 1:20) no podría haber sido fácil.

· ·

Estas son el tipo de mujeres a quienes yo quiero imitar, unas que permitan al amor vencer la amargura.

· ·

En lo profundo de su dolor, Noemí anunció que regresaba a su tierra natal. Ambas nueras decidieron seguirla. No mucho después de haber empezado un trayecto difícil y peligroso, Noemí las animó a regresar a sus hogares y familias, lamentando su obvia incapacidad de suplir sus necesidades. Una nuera, a pesar de sus protestas y lágrimas, regresó. Pero Rut no.

En ese momento, Rut tomó una decisión crítica. Se trataba de algo más que solo regresar. Tenía que decidir entre volverse o no amarga por sus circunstancias. Ella pudo haberse alejado de Noemí, perder su última conexión de su matrimonio. En vez de ello, escogió continuar, declarando su lealtad y deseo de quedarse con su suegra.

En uno de los más bellos pasajes de la Escritura, Rut declaró su pasión por el Dios de Noemí y el amor por su suegra. Ella dijo: *"No insistas que te deje o que deje de seguirte; porque adonde tú vayas, iré yo, y donde tú mores,* moraré. *Tu pueblo será mi pueblo, y tu Dios mi Dios. Donde tú mueras, allí moriré, y allí seré sepultada. Así haga el Señor conmigo, y aún peor, si algo, excepto la muerte, nos separa*" (Rut 1:16-17, lbla) .

Rut escogió atar su vida a la de su suegra y andar junto con ella. Al final, esta fue una decisión muy sabia, y posteriormente fue ricamente bendecida. Superó su pérdida y creó una familia.

De este compromiso, Rut fue adoptada en el pueblo hebreo. Recibió un redentor, quien no solamente restauró la tierra abandonada y reclamó una herencia perdida, sino que también la recibió a ella como su esposa. Ella también llevó un hijo de promesa, quien llegó a ser parte del árbol genealógico de Jesús.

¿Y qué pasó con Noemí? Cuando perdió a su esposo y sus hijos, ella sintió que Dios la había abandonado. Se volvió amargada y enojada. Sin embargo, cuando Rut manifestó sus intenciones, Noemí abrazó los propósitos de Dios y se volvió una mentora y madre para Rut. En el proceso, Noemí recibió un nuevo hogar, nuevos amigos, un yerno, un nieto y un corazón agradecido.

Estas son el tipo de mujeres a quienes yo quiero imitar, unas que permitan al amor vencer la amargura. Esta es la clase de respuesta que quiero poder dar cuando vea a una mujer atrapada en la amargura... aun si fuera yo quien está atrapada. Esta es la clase de fruto que quiero ver en mi vida.

DIOS ES AMOR

"Todo lo que necesitas es amor". Los Beatles capturaron la esencia de la cultura popular en los años '60 con su impactante canción acerca de la "generación del amor". Esa letra hizo que el amor sonara muy simple. Pero en la prueba de la vida diaria, puede ser difícil, hasta aparentemente imposible, amar a algunas personas, especialmente aquellas que nos han herido.

Algunas veces, ni siquiera es fácil amarnos a nosotras mismas.

La vida no es perfecta. Ninguna de nosotras lo es. Si pudiéramos regresar al Jardín del Edén, lo haríamos pero no podemos. En un intento de aliviar nuestro dolor y recrear perfección, nos enfocamos en nuestros logros externos. Pero en realidad, nada de eso ayuda. Cuando hemos sido heridas, la respuesta natural no es amor, sino odio. Aun si entregamos las ofensas de otros a Dios y le permitimos sacar la raíz de odio de nuestros corazones, eso no significa que automáticamente sentiremos amor por aquellas que nos han lastimado.

La verdad es, usted no puede amar si no conoce el amor. Y solamente hay un camino de regreso al paraíso.

Cuando nos damos cuenta que Dios es amor, esa gastada frase empieza a tener sentido. Todo lo que usted verdaderamente necesita es a Dios. Él le ama con un amor infinito e incondicional. Y Él puede llenarla con un amor hacia los demás que va más allá de todo lo que usted misma podría tratar de fabricar. Él nos capacita para amar a los que no inspiran amor.

· ·

El amor es la herramienta más poderosa que tenemos para transformar el corazón humano e impactar generaciones.

· ·

Juan 3:16 (LBLA) dice: *"Porque de tal manera amó Dios al mundo, que dio a su Hijo unigénito, para que todo aquel que cree en El, no se pierda, mas tenga vida eterna"*. Usted podría decir "¡Amor tanto amó!" Solo Dios, a través del regalo de Su Hijo y por obra del Espíritu Santo, puede depositar amor en nuestros corazones. Usted y yo no podemos "hacer" amor, solamente podemos recibirlo.

Si usted no conoce a Dios como amigo, quizá sea porque usted nunca ha aceptado a Jesús como su Salvador. ¡Pero ese es el problema más fácil de arreglar del todo el mundo! Apocalipsis 3:20 dice: "¡Mira! Yo estoy a la puerta y llamo. Si oyes mi voz y abres la puerta, yo entraré y cenaremos juntos como amigos". Y, Romanos 10:9, dice: *"Si declaras abiertamente que Jesús es el Señor y crees en tu corazón que Dios lo levantó de los muertos, serás salvo"*.

Si usted nunca ha confesado con su boca que Jesús es el Señor, ¿me permite animarle a que le pida a Él que entre en su vida ahora mismo? Si no está segura de qué decir, usted puede orar algo así:

Dios, yo sé que he pecado contra Ti y necesito Tu perdón y Tu amor. Yo creo que Tu Hijo, Jesucristo, murió en la cruz por mis pecados, y yo creo que Tú lo levantaste de la muerte. En este momento, quiero que Jesús sea mi Señor y Salvador.

Gracias, Padre, por Tu gracia y misericordia. Gracias, Jesús, por morir por mí y darme vida eterna. Espíritu Santo, lléname con tu vida de manera que yo pueda traerte gloria y honra a Ti en todo lo que haga.

Y, Señor, enséñame a amar.

Amén.

. . . .

La verdad es, usted no puede amar si no conoce el amor.

. . . .

Cuando usted es llena del amor de Dios diariamente, ese amor, con el tiempo, se ensanchará y desbordará sobre otros. Su familia. Sus amigos. Sus compañeros de trabajo. La gente que usted solía considerar como sus enemigos. Hasta los extraños. Usted tendrá compasión por aquellos que están dolidos porque usted tiene un exceso de amor.

Cuando leemos acerca de Jesús en los evangelios, vemos que Él hizo todo por amor. Se nos dice que Jesús, "tuvo compasión" o "fue movido a compasión" antes de que Él sanara milagrosamente a los enfermos (Mateo 14:14), alimentara a los hambrientos (Mateo 15:32), diera vista a los ciegos (Mateo 20:34), limpiara a los impuros (Marcos 1:41), evitara la muerte a distancia (Marcos 5:19), y enseñara a la multitud sobre el Padre celestial (Marcos 7:34). Su corazón de amor precedía Sus milagros.

Jesús permitió que el amor se volviera una autopista sobre la cual Su poder fluyera. Nosotros también podemos ver milagros, señales y maravillas si siguiéramos los pasos de Cristo, empezando con el amor.

Todo el tiempo que pasé y el esfuerzo que ejercí tratando de obtener más poder de Dios en mi vida fue mal dirigido. Ahora me doy cuenta que lo que debí haber procurado era más amor. Más compasión. Más gracia y perdón hacia la gente en mi vida, aun aquellos que me habían lastimado.

Aun hacia mí misma. Si yo pudiera amar de la manera que lo hizo Jesús, tendría en mí el poder de guiarlos a milagros de restauración y sanidad.

• • • • •

PREGUNTAS PARA REFLEXIONAR

+ Describa su fruta favorita. Use palabras descriptivas como: jugosa, dulce, etc.

+ Comprométase a memorizar Gálatas 5:22-23: *"En cambio, la clase de fruto que el Espíritu Santo produce en nuestra vida es: amor, alegría, paz, paciencia, gentileza, bondad, fidelidad, humildad y control propio".*

+ La palabra de Dios "es viva y eficaz" (Hebreos 4:12) y creativa (Génesis 1, Salmo 33:6), lo que significa que a medida que la memorizamos, no estamos memorizando solamente palabras; En realidad, estamos activando algo poderoso y transformador en nuestras vidas.

+ Conforme vaya trabajando en esto, escriba sus experiencias en su cuaderno.

+ ¿Cuál es la diferencia entre "fruto" y "dones" descritos en este capítulo?

+ Defina "amor" en sus propios términos.

+ *"El amor es paciente y bondadoso. El amor no es celoso ni fanfarrón ni orgulloso ni ofensivo. No exige que las cosas se hagan a su manera. No se irrita ni lleva un registro de las ofensas recibidas. No se alegra de la injusticia sino que se alegra cuando la verdad triunfa. El amor nunca se da por vencido, jamás pierde la fe, siempre tiene esperanzas y se mantiene firme en toda circunstancia".* (1 Corintios 13:4-7)

+ Describa cómo impactó el amor la vida de Rut. ¿Qué decisiones tomó como resultado de su amor por Noemí?

+ Describa cómo el amor impactó a Noemí. ¿Cómo su amor por Rut impactó su corazón "amargo"?

"Dios es amor".

+ ¿Cómo la hace sentir esa declaración?

+ Lea su definición anterior de "amor" compárela con el pasaje de 1 Corintios. ¿Cómo combinan?

La palabra para "arrepentimiento" en la Biblia viene de la palabra griega *"metanoeo"*, que literalmente significa: "cambiar su mente" o "cambiar su pensar". Eso no significa simplemente introducir un nuevo pensamiento; significa una forma de pensar totalmente nueva, una forma totalmente nueva de ver. Dios nos pide que nos "arrepintamos" de nuestras antiguas maneras de pensar y que "renovemos nuestras mentes" (Romanos 12:2), llevándolas a alinearse con Su manera de pensar.

Quizá usted necesite "arrepentirse" de su definición de amor y permitirle a Él que introduzca una forma completamente nueva de verlo.

Dios, ¡me arrepiento! Dejo mi definición de amor y te pido que me des la tuya. Te pido que sanes esos lugares donde mi pensar pueda ser menos que lo mejor de Ti, donde yo tenga heridas que han provocado que yo rechace el amor como lo defines Tú.

¿Quisieras mostrarme cómo me amas Tú? (¡Deje que Él le muestre!)

¡Gracias, Señor, por amarme!

Tome un momento para escribir en su cuaderno lo que Él le mostró. Una vez más, tome la oportunidad para declarar las cosas que Él le ha dicho. ¡Su verdad acerca de nuestra identidad es lo que echa fuera las mentiras en nuestras vidas!

**En la página 135, había una oportunidad para que usted recibiera a Jesús como su Señor y Salvador. Si usted hizo esa oración y sabe que Él ahora vive en su corazón, ¿tomaría un minuto para enviarme un correo electrónico a jan@jangreenwood.com? ¡Me encantaría escuchar acerca de su experiencia!

Capítulo 10

Una buena soldado

TODO COMIENZA CON USTED

· · · · ·

Soporta el sufrimiento junto conmigo como un
buen soldado de Cristo Jesús. Ningún soldado se
enreda en los asuntos de la vida civil, porque de
ser así, no podría agradar al oficial que lo reclutó.
2 Timoteo 2:3-4

Soy extremadamente bendecida de tener muchas grandes amigas. Pero
no ha sido siempre así. La mayor parte de mi vida, mi alma estaba muy
influenciada por la cultura, herida por las circunstancias y encallecida
por el egoísmo como para poder notar a las mujeres que me rodeaban.

Como no tuve hermanos ni hermanas, todo lo primero que aprendí
sobre relaciones con compañeros se desarrolló en un entorno escolar. De
adolescente, andaba con un grupo de chicas que competían por la atención de los chicos, se daban puñaladas por la espalda y se iban cuando la
amistad ya no les convenía. Estoy segura que yo era la líder de la mana-
da. Yo no odiaba a las chicas, simplemente no las conocía y, definitiva-
mente, no confiaba en ellas.

Nunca podía predecir cómo iban a actuar las chicas. A menudo, eran
emotivas y muy competitivas. Al practicar mis destrezas para evitarlas,
junto con un profundo patrón de complacencia establecido, me las arre-
glaba para tener muchas relaciones superficiales y pasar la mayor parte de mi tiempo con los chicos. Al crecer, me protegía de otras chicas,
buscaba valor y afirmación en el trabajo y los hombres, y generalmente
rechazaba las ofertas de amistad de mi propio género.

Estoy muy triste de contar eso hasta el día de hoy, no tengo una sola relación de amiga intacta desde esos primeros años de mi vida.

MI PRIMERA AMIGA VERDADERA

Mi opinión de las mujeres empezó a cambiar en 1991, cuando Dios trajo al regalo más sorprendente a mi vida. Su nombre era Lee Ann.

Ashley tenía solo seis meses y Mark y yo nos acabábamos de mudar a una nueva comunidad. Estábamos empezando un negocio desde la nada. Yo buscaba trabajo. No estábamos involucrados en una iglesia. Solo teníamos unos pocos amigos. Fue una temporada difícil en nuestro matrimonio. Yo estaba en una situación difícil y, sinceramente, era una persona difícil.

Una tarde, Lee Ann llamó a mi puerta para darme la bienvenida al vecindario. No sé cómo logró superar mi lado quisquilloso, pero lo hizo. Me ayudó a encontrar una niñera, me animó a asistir a la fiesta de la cuadra, nos invitó a jugar cartas y se convirtió en mi mejor compañera de caminata.

Había algo diferente en Lee Ann. Primero que nada, siempre era amable. Ella nunca dijo una palabra desagradable de nadie. Adicionalmente, era una optimista nata. Miraba cualquier situación con cierta expectativa de un resultado positivo.

Además, era la bromista más grande que yo haya conocido. Nada la hacía reír más que un buen chiste y una oportunidad para disfrazarse, hacer tonterías y reír.

Al pasar de los años, Lee Ann me amaba. Y despacio, dulce y tranquilamente, derritió mis defensas. Antes de darme cuenta, yo la amaba también. Me enseñó una cantidad de cosas importantes: cómo hacer una pregunta profunda, cómo escuchar, cómo soportar tiempos difíciles, cómo creer lo mejor de los demás y cómo presentar a Jesús sin trampas religiosas o pesada condenación. Ella me mostró cómo amar a mi esposo y cómo hablarle a mi hija con gentileza. Ella no hizo todas estas cosas con una actitud de instrucción. Simplemente fue modelo de gracia, habló esperanza y se mantuvo fiel. Fue mi mentora antes de que yo supiera lo que significaba esa palabra. Ella hizo que yo fuera feliz de ser mujer.

Perdí a esta preciosa amiga por cáncer de seno en el 2006. Estoy muy contenta que Lee Ann haya escogido invertir en mí donde me encontraba en aquel momento, porque esa amistad transformó mi vida. El anhelo por relaciones auténticas, profundas y edificantes con mujeres caló mis huesos. Yo quería ser para otras mujeres, lo que Lee Ann fue para mí: una buena amiga que se volvió un catalizador de cambio y señaló el camino a Jesucristo.

Yo sé, con certeza, que una buena amiga puede curar muchas aflicciones. Justo como un buen soldado en el campo de batalla puede cambiar la dirección de un encuentro.

No fue sino hasta que David desafió a Goliat que el encuentro entre Israel y los filisteos tomó un giro para bien. Miles de sus compatriotas permanecieron por varios días escuchando al gigante burlarse de ellos y ridiculizar a Dios. Con una piedra lisa, redonda, lanzada con un movimiento constante y practicado de su honda, el joven David aniquiló al enemigo de Dios y derrotó a todo el ejército.

Un buen soldado es poderoso. De igual manera, una buena amiga.

UNA AMISTAD LA LLEVA A OTRAS

Desde que Lee Ann llegó a mi vida, la forma en que percibo a las mujeres ha cambiado. Por todas partes, veo a otro maravilloso ejemplo de mi género. Cuando la conozco, identifico su bondad, su potencial, su esperanza, su destino y su influencia. Mi corazón la recibe rápidamente, para valorarla, para animarla. ¡He descubierto que las mujeres son maravillosas!

Muchas de esas damas especiales estuvieron en mi vida siempre, pero yo no me daba cuenta. Cuando mis ojos fueron abiertos por medio del amor, mis percepciones cambiaron para siempre.

Parece que no estoy sola. Muchas mujeres han compartido conmigo historias alentadoras de cómo una amiga impactó sus vidas de manera positiva. Permítame compartirle algunas de ellas:

"Dios me ha bendecido con amigas leales, cariñosas, que son firmes y más unidas que un hermano. Doy gracias a Dios por ellas diariamente y no las cambiaría por nada. Ya no busco cantidad en mis

amistades. En su lugar, aprecio la calidad de estas mujeres. No tene-
mos el lujo de pasar tanto tiempo juntas como quisiéramos, pero en
ocasiones, cuando podemos, son momentos preciosos. Ciertamente,
soy una mujer bendecida".

"Cada una de mis amigas ha depositado algo en mí a lo largo del
camino, y estoy agradecida por ello. Mi esperanza es que con un
corazón sanado, yo también pueda depositar algo en las vidas de
otras en el momento justo. Me hace sonreír saber que Dios me con-
fiará esas preciosas mujeres para amarlas y animarlas, de la mis-
ma manera que una vez fui confiada a alguien".

"Se me ha perdonado mucho, así que he tomado una decisión
consciente para perdonar a aquellos que me han lastimado. Para
expresar verdaderamente mi agradecimiento por todo lo que Dios
me ha perdonado, necesito otorgar gracia y misericordia a otros. Yo
creo que hacer del perdón un estilo de vida, puede cambiar fami-
lias enteras por generaciones venideras. Aprovecho cada oportuni-
dad para enseñar a mis hijos lo que se me ha dado. Mi oración es
dejar un legado de perdón, amor y una familia muy unida que cre-
ce con cada generación".

HIJAS

Mis padres eran muy jóvenes cuando yo nací y, en cierto modo, sentí
como que vine al mundo totalmente adulta. En mis primeros años, la
gente pensaba que yo era mayor de la edad que tenía. Tenía los rasgos
habituales de una primogénita/hija única. Era una líder natural. Podía
sostener conversaciones con adultos con facilidad. Pasaba la mayor parte
de mi tiempo en presencia de personas mayores. Cuando era adolescente,
no tenía interés en los niños pequeños y era una pésima niñera. Cuando
fui adulta joven, algunos días me sentí como una anciana.

Aunque considero que las consecuencias de ser hija única son mayor-
mente positivas, había un resultado del que no me percaté sino hasta que
era mucho mayor. Nunca entendí lo que significa ser una hija.

Obviamente, yo soy una hija, pero encuentro mucho más natural pensar como una madre que como una hija.

Se necesitaron muchos años y algunas pruebas significativas para que realmente creyera que Dios me daría favor especial o cariño. Que Él haría un camino para mí, me defendería o protegería, simplemente porque yo era Su hija.

Esta deficiencia aumentó cuando empecé a tener mis propios hijos. Ya que yo esperaba que mis hijos "crecieran a todo vapor", tendía a presionarlos para que crecieran muy rápido. Les animaba a apresurar su paso por su niñez en lugar de aceptar todas las etapas y beneficios de la juventud. Aún ahora, sigo necesitando ser enseñada en cómo ser una hija. Y seguramente Dios sabe eso, porque Él me envía "madres" continuamente para enseñarme acerca de mis necesidades.

· ·

Yo sé, con certeza, que una buena amiga puede curar muchas aflicciones.

· ·

He hecho muchas amistades excelentes desde que Mark y yo nos reubicamos en el metroplex de Dallas/Fort Worth. Pero hay un pequeño grupo de mujeres de Abilene, Texas, que me conocieron cuando mi podio era la mesa de la cocina y todos los "momentos de ministración" sucedían con mis cuatro hijos jugando a mis pies. (¡Ese todavía es mi lugar favorito para tener conversaciones con Dios!)

Estas mujeres fueron parte de mi vida durante un tiempo de rápido desarrollo espiritual. Pasamos juntas muchas horas preciosas buscando a Dios. Éramos apasionadas, auténticas y vulnerables, y Dios hizo algo inexplicable en nuestros corazones. Él nos juntó y permitió que experimentáramos todas las épocas de la vida de una mujer. Él, además, utilizó a estas amigas para enseñarme sobre el gozo de ser una hija.

Viéndolas, aprendí más sobre cómo piensa y actúa una hija. Me di cuenta que necesitaba arrepentirme de mi actitud de independencia y confianza en mí misma que frecuentemente me incitaba a ser rebelde. Empecé a pedirle a Dios favor y una demostración de Su amor. Y un lugar en mí que había estado cerrado por años, empezó a florecer.

Luego, Él nos separó. Algunas nos fuimos a otras ciudades, incluso a otros estados, y una fue enviada a otro país. Ya no nos vemos muy seguido. (¡Gracias a Dios por Facebook, Twitter y los blogs!). Sin embargo, a pesar de la distancia geográfica, sé que en un momento de necesidad, ellas estarían conmigo. De hecho, ellas ya han comprobado eso. Y yo haría lo mismo por ellas. Eso es lo que hacen las madres e hijas.

Doy gracias a Dios diariamente por mis bellas amigas de Abilene. Cada una me enseñó algo acerca de cómo ser hija, y estoy agradecida por su disposición de darme el tiempo para crecer adecuadamente. Mientras hablaba con ellas, crecí para ser una hija saludable y empecé mi jornada hacia llegar a ser una mamá saludable.

Algunas veces uno está en una temporada abundantemente bendecida y ni siquiera se da cuenta hasta que se ha terminado. Mis amigas de Abilene y yo no teníamos idea que nuestro tiempo juntas terminaría pronto, que era completamente único o que nunca volvería. Esta experiencia hace que quiera aprovechar cada oportunidad para profundizar en mis relaciones actuales.

HERMANAS

Gracias a las relaciones transformadoras que disfruté durante mis años en el oeste de Texas, llegué al área de Dallas/Fort Worth más saludable y confiada en el amor incondicional de Dios por mí. Durante mis primeros años en *Gateway Church*, Él me permitió conocer y ser animada por muchas damas diferentes. Él siguió demostrando cómo otras mujeres podían llenar mi esterilidad emocional.

Sin embargo, a medida que aprendía cómo ser una hija saludable, descubrí otra área de mi vida que no se había desarrollado. No tenía idea de lo que significaba ser una hermana.

Esta revelación me llegó un día mientras manejaba en la autopista. Mi mamá estaba atravesando por situaciones de salud difíciles y me sentía abrumada por las circunstancias y el peso de responsabilidad de tales decisiones. Me sentía muy sola.

Mientras conducía, hablando con el Señor acerca de mis preocupaciones, le dije: "Desearía tener un hermano para compartir esto, alguien que me llamara para conversar sobre este asunto, alguien para ayudar".

Él respondió, "te he dado hermanas".

Yo sabía que el Señor me hablaba de algunas amigas muy cercanas. Desde hacía algunos años, varias mujeres habían llegado a mi vida en momentos críticos.

· ·

> Él quiere que todo ser humano
> que ha creado sea Su amigo.
> Y eso le incluye a usted.

· ·

Cuando regresé de mi viaje, me acerqué a estas mujeres y les confesé mis sentimientos. Les conté que necesitaba algunas hermanas y les pedí ayuda para crecer en esta área. ¡Y vaya si lo hicieron! Aprendí que podía contar con ellas tanto en las buenas como en las malas.

También he recibido el regalo de un grupo completo de "familia extendida". Cuento como uno de mis más grandes gozos el servir a las mujeres de *Gateway Church* durante esta época de mi vida. He sido amada, recibido gracia y guiada a la plenitud. Con el paso de los años, he sido impregnada en gracia. He sido elogiada en público e instruida en privado. Dios ha permitido que mis relaciones puedan crear un lugar seguro en mí donde pueda exponer mis mayores inseguridades y debilidades...y seguir siendo aceptada.

Hay una belleza única y valiosa en las mujeres. Durante los últimos años, Él me ha mostrado de manera convincente que verdaderamente está haciendo algo especial entre las mujeres alrededor del mundo. Este es un momento oportuno para que todas seamos sanadas y se nos dé poder.

Incontables mujeres han tenido una participación fundamental en mi formación durante esta época. Mi madre continúa dirigiéndome en amor hacia la plenitud. Mi hija me ha enseñado muchísimo. Mis demás familiares me han recibido con amor y han sido un ejemplo de aceptación y fidelidad que continúa bendiciéndome.

Todavía tengo mucho trabajo que hacer. Sin embargo, en cada entrega de mi corazón, he recibido más de lo que di. Tengo el privilegio de ser completamente una hija, hermana y madre. Como resultado, son mejor, más fuerte y nunca estoy sola.

ESTAMOS EN UNA BUENA COMPAÑÍA

En términos militares, una compañía se define como una unidad pequeña de soldados. Cristo, como amigo nuestro, nos llama a ser parte de Su compañía y nos posiciona para convertirnos en amigas y servir con otras. Cuando construimos relaciones con otras personas en nuestras vidas, estamos en una buena compañía.

La Biblia habla mucho acerca de Dios siendo amigo con la gente que lo ama.

El Señor le habló a Moisés *"cara a cara, como cuando alguien habla con un amigo"* (Éxodo 33:11).

Dios llamó a Abraham *"mi amigo"* (Isaías 41:8).

Job dijo: *"Cuando yo estaba en la flor de la vida, la amistad con Dios se sentía en mi hogar"* (Job 29:4).

Jesús se refirió a Lázaro como: *"nuestro amigo"* (Juan 11:11).

Jesús les dijo a Sus discípulos: *"Ustedes ahora son mis amigos, porque les he contado todo lo que el Padre me dijo"* (Juan 15:15).

Solamente piénselo. Usted tiene el mismo amigo que Moisés, Abraham, Job, Lázaro y los discípulos de Jesús.

Tal vez usted no sienta que pertenece a tan alta compañía. Bueno, Jesús también llamo *"amigo a los cobradores de impuestos y otros pecadores"* (Mateo 11:19, Lucas 7:34). Cuando Él hablaba a las multitudes, Él los llamaba *"queridos amigos"* (Lucas 12:4). Jesús se refirió a *"las mujeres que lo siguieron de Galilea"* como amigas (Lucas 23:49). Él hasta llamó a Judas *"mi amigo"* momentos antes de que lo traicionara (Mateo 26:50).

Como ve, Dios no es quisquilloso acerca de con quién se hará amigo. Él quiere que todo ser humano que Él haya creado sea Su amigo. Y eso le incluye a usted.

Es tiempo de superar sus temores y hacer algunas nuevas amigas. Si usted no se arma de valor y empieza simplemente, usted nunca conocerá el maravilloso regalo de una buena amiga.

• • • • •

PREGUNTAS PARA REFLEXIONAR

+ ¿Quién era/es su mejor amiga? ¿Qué cualidades le encantan de ella?

+ ¿Cómo ha impactado ella su vida?

+ ¿Alguna vez se lo ha dicho? Si es posible, tome un momentito y envíele una carta, un correo electrónico o un texto dejándole saber cómo ella ha impactado positivamente su vida.

+ ¿Encuentra más fácil pensar como una "madre" o como una "hija"? ¿Por qué piensa que eso sucede?

+ Escriba algunas cualidades positivas de una madre.

+ Ahora, escriba algunas cualidades positivas de una hija.

+ Compare las dos. Ya sea que esta haya sido su verdadera experiencia o no, describa algunas maneras en las cuales las madres y las hijas pueden impactarse positivamente la una a la otra.

"Él respondió, 'Te he dado hermanas'". (Pág. 148)

+ Lea la historia, en este capítulo, acerca de cómo Dios identificó a mis "hermanas". Escriba en su cuaderno sus sentimientos acerca de esta experiencia. ¿Ha tenido una experiencia así?

+ Si usted no ha encontrado a sus "hermanas" todavía,
pídale a Dios que se las muestre. Lo más seguro es que ya
estén en su vida y usted todavía no lo sabe.

Ser una "hermana" de esta forma, requiere vulnerabilidad. Requiere que usted abra su corazón con otra mujer, quizá exponiendo algunas áreas que usted no ha expuesto nunca antes. Con suerte, a través del curso de este libro, usted ha recibido sanidad en algunas áreas que le permitirán contactar a otros y descubrir sus preciosas relaciones de "hermanas".

Tome un momento e identifique cualquier otra mujer que pueda haber funcionado en su vida como una madre, una hija o una hermana. ¡Usted podría sorprenderse!

"Vea, Dios no es quisquilloso acerca de con quién se hará amigo. Él quiere que todo ser humano que Él haya creado sea Su amigo. Y eso le incluye a usted". (Pág. 148)

+ ¿Alguna vez ha considerado que usted podría ser "amiga"
de Dios? ¿Cómo se siente al pensar en esa posibilidad?

+ Regrese y revise las escrituras acerca de "amigos"
mencionadas en la página 148. Pídale a Dios que le
muestre cómo la visualiza a usted como "amiga".

Una forma en que nosotros desarrollamos amistades es conociéndonos mutuamente. Hacemos preguntas y recibimos respuestas, pasando tiempo juntas.

Pase algún tiempo con Dios, desarrollando la amistad entre ustedes dos. Abajo hay unas sugerencias de cómo empezar. ¡Recuerde darle tiempo a Él para responderle a usted!

+ Dios, ¿dónde Te gusta estar conmigo?

+ Dios, ¿qué es lo que más Te gusta de mi rostro?

+ Dios, ¿cómo me ves?

De nuevo, estas son solo sugerencias. La clave para cualquier relación buena es pasar tiempo juntas, siendo transparentes y honestas la una con la otra. Cuando hable con Él, hágale preguntas y escúchelo hablar, asegúrese de escuchar Sus respuestas y tome un minuto para apuntarlas. ¡Usted está construyendo una amistad con Aquel que nunca la dejará ni la abandonará! (Hebreos 13:5)

Capítulo 11

Declaremos un cese al fuego

LAS RELACIONES SANAS ENTRE MUJERES SON POSIBLES Y PODEROSAS.

• • • • •

Dios bendice a los que procuran la paz,
porque serán llamados hijos de Dios.
MATEO 5:9

Ahora que estamos conscientes que hay una guerra a nuestro alrededor, podemos proteger nuestros corazones contra los ataques del enemigo. Podemos defendernos echando fuera esos dardos de fuego que Satanás trata de usar para penetrar su corazón, usted puede pelear en la guerra correcta, y ¡empezar el contraataque de inmediato!

Pero necesitamos de dejar de pelear entre nosotras. Ha llegado el momento de llamar un cese al fuego entre nuestras hermanas y nosotras. ¿Por qué no atrevernos a ir más allá y declarar la paz verdaderamente?

Me doy cuenta que es un poco ingenuo pensar que podemos implemente agarrarnos de las manos y hacer las paces. Además, yo no quiere un tipo de paz falsa, el tipo que requiere muchas reglas y enormes consecuencias. La paz que estoy pensando viene de adentro y sucede una persona a la vez. Estoy viendo hacia un cambio cultural que nos permitirá abandonar nuestras armas de guerra y abrazar un estilo de vida de amor.

Para alcanzar esto, usted y yo necesitamos sentarnos a la mesa de negociación y empezar de nuevo. Cada una de nosotras tiene que hacer la labor de arrepentimiento y perdón. Necesitamos decidir a conciencia cambiar la forma en que pensamos y la forma en que actuamos. Tenemos que decidir invertir en las mujeres a nuestro alrededor.

Yo sé que estoy hablando acerca de algo radicalmente contra la cultura. Pero es posible.

PARA UN MOMENTO COMO ESTE

Una de las mujeres más poderosas de la Biblia empezó como exilada, una huérfana y campesina.

Cuando los padres de Hadasa murieron, su tío, Mardoqueo, la recibió. Justo cuando ella estaba llegando a la mayoría de edad, a la aldea llegó el rumor que el rey estaba buscando una nueva reina.

Todas las jóvenes solteras y atractivas en el reino debían ser llevadas ante el rey para su consideración. Y Hadasa era muy bella. Ella debe haber sido una de las primeras mujeres jóvenes escogidas para este dudoso honor.

Mientras los guardias se la llevaban, Mardoqueo le dijo al oído: "*No le digas a nadie acerca de tu nacionalidad o trasfondo familiar*". Vea, el rey no trató a los exiliados de Jerusalén muy amablemente. Temiendo por la vida de su joven sobrina, Mardoqueo sugirió que Hadasa usara un nombre no judío, Ester.

· ·

Ha llegado el momento de llamar un cese al fuego entre nuestras hermanas y nosotras. ¿Por qué no atrevernos a ir más allá y declarar la paz verdaderamente?

· ·

De todas las mujeres consideradas para convertirse en la nueva reina, el rey escoge a Ester. Ella no se dio cuenta en ese momento, pero Dios no solamente sabía lo que le estaba pasando a ella, sino que Él tenía planeado todo esto. Él tenía una razón especial para poner a Ester en esta situación.

Cuando uno de los principales consejeros del rey, que odiaba a los judíos, tramó un plan para matarlos, Ester estaba en una posición única para salvar a su pueblo de ser aniquilados. Cuando ella dudó poner en riesgo su vida al ir al rey sin una adecuada invitación, confesar su verdadera nacionalidad y suplicar por la vida de su pueblo, su tío le formuló esta pregunta crucial: "¿Quién sabe si no llegaste a ser reina precisamente para un momento como este?" (Ester 4:14).

Usted y yo estamos en un dilema similar hoy día. La "Reina Vasti" de nuestras generaciones anteriores nos ha dejado una situación que amenaza nuestra vida. Ellas abrieron la puerta al enemigo que quiere aniquilar nuestro género y nuestra descendencia. Muchos de nosotros hemos quedado huérfanas, abandonadas y en pobreza espiritual. Algunas de nosotras hasta hemos usado nombres falsos y negados nuestra herencia.

Sin embargo, nuestro Rey nos ha llamado a un lugar de honor. Él nos ha colocado en una familia real y ha derramado Su hospitalidad y generosidad sobre nosotras. Ahora Él espera escuchar nuestra petición.

Ester sabía que su papel como reina era una responsabilidad tremenda. También era una prueba. Estar en esa posición le representaba una oportunidad única para salvar las vidas de su pueblo. ¿Se pondría ella a la altura de la situación?

Ester hizo acopio de su valentía y enfrentó el desafío frente a ella. Ella pidió a todos los que conocía que ayunaran durante tres días. Luego ella siguió la guía del Señor en su difícil situación. Con el tiempo, ella dio a conocer su petición al rey. Como resultado, salvó su propia vida y las vidas de su pueblo. El consejero malvado obtuvo su justo merecido, su tío recibió una posición de autoridad y la línea mesiánica se preservó. Ester reinó por muchos años.

EL CAMBIO CULTURAL ES POSIBLE

Ester cambió su mundo debido a lo que ella creía, lo que dijo y lo que hizo. Usted también puede cambiar la cultura a su alrededor.

Cada nación tiene una cultura. De igual manera la tiene toda organización, familia o reunión. La cultura se define como el *patrón integral del conocimiento humano, creencia y comportamiento que depende de la capacidad para aprender y transmitir conocimiento a las generaciones subsiguientes.* Yo propondría un pequeño cambio en esta definición. ¿Qué tal si cultura fuera simplemente definida como un patrón de conocimiento divino, creencia y comportamiento?

Usted y yo somos ciudadanas de una sociedad celestial. Aunque vivimos en un mundo natural y estamos sujetas a las costumbres que nos rodean, dentro de cada una de nosotras hay una cultura divina. Mientras más caminemos con el Señor más grande nuestro amor por Él, lo más fuerte en nosotras brilla.

Nuestra civilización se crea por lo que nosotras creemos, por lo que decimos y por lo que hacemos. *Lo que usted hace, importa. Lo que usted piensa tiene valor. Lo que usted dice es poderoso.* Cuando andamos en unidad con nuestras hermanas, el reino se vuelve más fuerte, más vibrante, más poderoso y más visible. Esta "cultura del reino" nos unifica y nos da el potencial para cambiar nuestro mundo; esta clase de cambio siempre empieza con *una persona* y no *con una idea*.

UNA IDEA PUEDE CAMBIAR SU MUNDO

A principios de la década de 1990, mi esposo y yo asistíamos a una iglesia evangélica conservadora. A través de un pequeño grupo para parejas, encontramos enseñanzas que transformaron nuestras vidas y aplicaciones prácticas de la Palabra de Dios mezcladas con responsabilidad relacional. Este fue el principio de nuestro crecimiento espiritual.

Mark y yo formábamos parte de una clase de discipulado donde tomamos un inventario de los dones espirituales. Me reí a carcajadas cuando vi los resultados, porque mi don espiritual número uno era "pastora". Bromeando, le dije a mi esposo que olvidaron preguntar mi género.

En mi corazón, estaba desilusionada porque yo pensé que el examen me iba a ayudar a saber quién era yo. Desde que asumí que ser mujer me excluía de poder llegar a ser una pastora, ignoré el examen y lo dejé de lado.

Unos años más tarde, Mark y yo nos cambiamos a una iglesia más animada por el Espíritu donde había libertad para reconocer y capacitar personas que mostraban un nivel alto de cuidado y preocupación por la congregación, independientemente de su género. A medida que nos plantamos en esa comunidad, a mi tendencia natural para reunir a las mujeres y animarlas se le permitió funcionar. Yo no buscaba activamente el que me identificaran como una líder. Yo solamente servía y sembraba mi corazón en la gente a mi alrededor. No mucho después, me pidieron que dirigiera los esfuerzos por las mujeres. Ofrecí estudios bíblicos, formé grupos pequeños, lleve a cabo reuniones ocasionales y hasta desarrollé un manual de liderazgo para mujeres. Dios había estado desarrollando en mí una pasión para ver mujeres sanadas y completas. Él hizo que yo me enamorara de Sus preciadas hijas. Mis deseos iban alineándose a los de Él.

Después de andar en este liderazgo informal por un tiempo, empecé a pensar que, después de todo, tal vez yo sí podía llegar a ser una pastora. Parecía que mis dones no requerían una posición o título para operar. Todo lo que necesitaban era un lugar seguro y un motivo puro.

Llegué a darme cuenta que aunque nunca fuera reconocida formalmente como líder, no habría ninguna diferencia. Soy creada y diseñada para amor a la gente y guiarla a Jesús, y seguiré haciéndolo independientemente del título o la responsabilidad que tenga en la iglesia.

Unas semanas después de esta revelación, me invitaron a servir formalmente como pastora de mujeres en nuestra iglesia. No fue un cambio significativo por fuera, ni una gran cosa para nadie más. Simplemente seguí haciendo lo que ya había estado haciendo: amando al pueblo de Dios. Sin embargo, sí fue una confirmación significativa en mi corazón, un regalo especial del Padre y una señal para mí de que no hay nada que Dios me pida hacer sin que Él me capacite y envíe a hacerlo si soy diligente. Él me mostró que lo que era imposible en mi mente era posible con Él.

A lo largo de los años, estuve entrando y saliendo del título formal de pastora. Pero mi corazón no se ha desviado del llamado ni siquiera una vez.

Una idea cambió mi manera de pensar. Y al estar en desacuerdo con mi cultura terrenal y de acuerdo con la cultura celestial de Dios, mi perspectiva cambió y también mi vida.

CAMBIO RADICAL

Ya que ha leído acerca de los cambios radicales que han sucedido en mi vida y mis actitudes, quizá usted esté pensando: *Qué bueno por ella, pero ella no entiende mi situación.* Conozco ese sentimiento. He estado allí.

No hace mucho, yo estaba a la orilla de un gran abismo, mirando hacia abajo, en el hoyo del dolor y viendo que todo era mejor para otras personas. Yo quería que mis relaciones fueran distintas, pero no sabía cómo cambiarlas. Yo veía a otros caminando en una plenitud que yo no había experimentado. Quería lo que ellos tenían, pero no creía poder tenerlo.

Pero Jesús ha sido un puente sobre la separación entre nuestras incapacidades y el poder ilimitado de Dios. Él me llevó de la mano y me guió a través del abismo, un paso a la vez.

· ·

Lo que usted hace, importa. Lo que usted piensa tiene valor. Lo que usted dice es poderoso.

· ·

Cada paso de ese trayecto requirió un gran salto de fe de mi parte. Elegí cree que Dios era bueno, aun cuando mis circunstancias y relaciones eran malas. Tan pronto creí en Su bondad, experimenté un avance. Él me llevó más allá de mi razonamiento, temor y dolor a un lugar donde podía recibir lo que había anhelado, lo cual Él había estado queriendo darme, por Su gracia y para Su gloria.

Usted también puede cruzar el abismo del dolor y andar en algo sorprendente: el plan de Dios para su vida. Lo único que tiene que hacer es dar el primer salto de fe.

ATRÉVASE A SER DIFERENTE

No soy alguien que, naturalmente, busque emociones fuertes. Evito las montañas rusas. Yo nunca saltaría desde un avión y tampoco me gustan mucho las alturas. Pero en el Espíritu, soy intrépida. He llegado a disfrutar los riesgos que forman parte de ser diferente. Me siento bien presentando un mensaje del que nadie más habla. Estoy dispuesta a ser quien inicia una nueva relación. Quiero cambiar la forma en que las mujeres se relacionan entre sí, y estoy empezando conmigo.

Tomar el riesgo del rechazo en el intento de iniciar amistades, restaurar relaciones o acercarse a los extraños, es contrario a lo que la sociedad enseña como "normal". Romanos 12:2 dice: *"No imiten las conductas ni las costumbres de este mundo, más bien dejen que Dios los transforme en personas nuevas al cambiarles la manera de pensar. Entonces aprenderán a conocer la voluntad de Dios para ustedes, la cual es buena, agradable y perfecta".*

Jesús también era intrépido. Él pasó por algunos momentos extraños cuando se atrevió a alcanzar a los demás. Él sacudió a la comunidad religiosa y valientemente aceptó la confrontación. Él prefería andar con pecadores y, aparentemente, le encantaba una buena fiesta. Él se desviaba de su camino para ir a conocer a un extraño, aun cuando la sociedad decía que Él no debía acercarse. Él tocaba leprosos, sanaba a los enfermos y llamó a servicio a un grupo de gente que, de acuerdo al estándar de la época, no estaban cualificados para el ministerio. Él dio Su vida por amor a Sus hermanos y hermanas.

Jesús era un revolucionario. Él era contracultura.

Él era especialmente revolucionario en Su acercamiento a las mujeres. Él las valoraba y demostraba una forma diferente de responderles. Él llevaba mujeres en sus viajes, lo cual era bastante atrevido para Su época. Las mujeres apoyaban financieramente Su ministerio. Ellas eran quienes recaudaban fondos y las que distribuían entre los necesitados. Cuando Él estaba en la cruz, la persona de quien Él se preocupó más era una mujer. Y la primera persona a quien le dijo que había resucitado de los muertos era una mujer.

> Esta "cultura del reino" nos unifica y nos da el potencial de cambiar el mundo; este tipo de cambio siempre empieza con una persona y una idea.

Prueba de que Jesús tiene un lugar especialmente tierno en Su corazón hacia nosotras es que Jesús nos da Su aprobación y nos otorga poder. Deberíamos desafiarnos mutuamente para seguir Sus huellas, volvernos contraculturas, revolucionarias. Si Él puso tan alto valor sobre las mujeres, nosotros también deberíamos hacerlo.

CONSTRUYA UN PUENTE

Los puentes proveen un paso seguro sobre brechas y barreras. Crean conexiones que antes no existían y abren un nuevo territorio para aprendizaje y exploración. Las relaciones son puentes que conectan a las personas, aun si ellas están lejos: geográfica, mental o emocionalmente. Hasta espiritualmente.

El privilegio de construir esos puentes es nuestro. Si verdaderamente queremos que nosotras mismas y nuestras hijas sean plenas, fuertes, poderosas y llenas de amor, usted y yo tenemos que hacer el esfuerzo necesario para establecer un acercamiento diferente, una reacción diferente y una respuesta diferente.

· ·

Quiero cambiar la forma en que las mujeres se relacionan entre sí, y estoy empezando conmigo.

· ·

Una vez tuve una visión. Iba caminando con un grupo de mujeres que representaba completamente cada don y fruto del Espíritu Santo. Entre nosotras había apóstoles, evangelistas, profetas, pastoras y maestras. Había quienes eran fuertes en los dones de la hospitalidad, misericordia, liderazgo, administración, sanidad y milagros. Estaba entre una multitud de damas que gozosamente usaban sus dones para bendecir a los demás. No había competencia o comparación. Cada don era igualmente valorado. Y el fruto de la operación de este cuerpo era que más y más mujeres entraban en el círculo y traían sus dones a la mesa.

He llevado esta visión cerca de mi corazón durante años y oro con frecuencia para verla en lo natural antes que mi vida llegue a su fin. De vez en cuando, logro tener un vistazo de esta dinámica, y cuando la veo, mi espíritu da un salto.

UNA CAJA DE BENDICIÓN

Dos semanas después de ser diagnosticada con cáncer de seno, me programaron para una quimioterapia. La noche previa a mi primer tratamiento, algunas preciosas amigas llegaron a mi casa con un regalo: una bella caja de adorno a la que ellas llamaron una caja de bendición. Mucha gente que me amaba había preparado una variedad de sorpresas especiales y notas de ánimo y las pusieron dentro de esta caja. Las mujeres que me dieron el regalo me pidieron que esperara hasta que estuviera en la sala de quimioterapia para abrirla.

La mañana siguiente, acompañada por una amiga querida y abrazando fuertemente mi "caja de bendición", temblaba mientras mi médico me conducía a la sala de quimioterapia. Era un lugar aterrador, donde la muerte parecía acechar en cada esquina. La gente en esa habitación estaba luchando con situaciones de vida o muerte y muchos de ellos no tenían la misma fe o puntos de vista que yo. Yo no sabía qué esperar. Para ser sincera, tenía más miedo de lo que podría encontrar en la silla a la par mía que de lo que estaba a punto de entrar en mis venas.

Me senté y la enfermera me conectó. Cuando ya estaba acomodada, mi amiga sugirió que abriera la caja de bendición. Con manos temblorosas, quité la tapa; adentro encontré brazaletes, brillo labial, pasajes de las Escrituras, escritos en papel bonito, palabras proféticas, música de adoración, todo tipo de cosas que hablaban vida a mi espíritu. Muchas mujeres, con variedad de dones y habilidades, se habían reunido y contribuido con lo que podían para animarme y darme esperanza. Al ver los artículos, reí. Lloré.

• •

Paz significa mucho más que simplemente
la ausencia de guerra y conflicto. La
palabra hebrea para "paz", shalom, significa
tanto prosperidad como tranquilidad.

• •

Pronto me di cuenta que mi amiga y yo teníamos la atención de todas las demás personas en la habitación. Todos a mi alrededor necesitaban el mismo ánimo que yo. Así que empezamos a pasar la caja de bendición y compartirla con los otros pacientes. A medida que mi caja de bendición iba por toda la habitación, todos reían y hablaban. La atmósfera de muerte y depresión se disipó mientras la gente compartía este regalo especial. Mis amigas, quienes pretendían bendecirme, iniciaron una inundación de amor y gozo.

Esas mismas amigas verdaderas prepararon más cajas de bendición para mi segunda y tercera rondas de quimioterapia. Algunas de las notas de ánimo vinieron de mujeres que yo no conocía. Gente que se tomó el tiempo para hacer algo especial para mí aunque yo no había hecho nunca algo como eso por ellas.

Mis amigas me recordaron que estaba cosechando lo que sembré. Durante años había sido sembradora de ánimo en las vidas de muchas mujeres. Ha sido mi deleite invertir en una multitud de amigas. He plantado muchas semillas en las vidas de los demás. Y, en el momento de mi necesidad, el pan que eché sobre las aguas regresó a mí al cien por uno (Eclesiastés 11:1, LBLA). Tenía una cosecha de relaciones.

. . . .

Si aunamos esfuerzos, sembramos juntas y cosechamos juntas, echaremos a andar un movimiento de amor, aceptación y paz que cambiará las generaciones venideras.

. . . .

Muchas mujeres, operando en unidad y amor, oraron por mí, me rodearon y sostuvieron al inicio de mis tratamientos contra el cáncer. Yo creo que aquellas que intercedieron por mí, literalmente, me salvaron la vida. Mi comunidad, mi familia, mis hermanas, se pusieron en la brecha y me ministraron. Nuevamente fue como tener un vistazo de aquella visión. Experimenté a un grupo de mujeres con todo don y fruto del Espíritu Santo, usando sus dones animadamente para bendecirme.

No subestime el poder de dar ánimo, amor y vida. Las cosas más simples comunican: "Te amo. Me importa". Y usted nunca sabe cuándo estará en posición para recibir lo que ha sembrado.

El ministerio de esas cajas de bendición se multiplicó. Otras captaron la visión y empezaron a hacer cajas de bendición para animar a más gente. Lo que fue hecho con el propósito de bendecir a una persona, produjo una cosecha lo suficientemente grande como para alimentar a muchas otras.

DECLARE LA PAZ

En la película, Señorita simpatía, a Gracie Hart le preguntaron: "¿Qué es lo más importante que necesita nuestra sociedad? Ella responde: "Eso sería castigos más duros para los que violan la libertad condicional". Y luego de una larga pausa, añade: "¡Y la paz mundial!".* La multitud aplaude con gran euforia. Después de todo, todos quieren la paz mundial. Pero ¿cómo la alcanzamos? Solamente una persona puede darnos paz: Jesucristo. Se le llama el Príncipe de Paz. Paz significa mucho más que simplemente la ausencia de guerra y conflicto. La palabra hebrea para "paz", shalom, significa tanto prosperidad como tranquilidad. Jesús es quien trae la verdadera paz. Paz es Su naturaleza. Es Su pasión. Él dijo: "*La paz os dejo, mi paz os doy*" (Juan 14:27). Una vez pertenecemos a Él, usted y yo podemos experimentar un adelanto de lo que la verdadera paz mundial será algún día.

¿Puede imaginarse estar en una posición donde esté tan en paz consigo misma y con sus dones que podría celebrar los cargos y dones de sus hermanas? Yo puedo verlo. Sé que es posible y creo que sucederá. Esta visión está creciendo entre las mujeres alrededor del mundo. Es un despertar mundial. Yo solía verlo como una pequeña cosa entre mis relaciones personales. Ahora, lo visualizo como una dinámica mucho más grande, abarcando a las mujeres en todas partes.

Dios nos llama a ir por encima de nuestros intereses personales, temores y heridas y acercarnos unas a otras de manera que haya una sinergia de nuestros llamados individuales. Aquellas de nosotras que hemos caminado por más tiempo deberíamos guiar el camino. Si aunamos esfuerzos, sembramos juntas y cosechamos juntas, echaremos a andar un movimiento de amor, aceptación y paz que cambiará las generaciones venideras. Nuestras hijas y nietas andarán firmes y plenas, libres de nuestro pasado, con poder para llevar esperanza y sanidad a las demás.

•••••

PREGUNTAS PARA REFLEXIONAR

+ Describa cómo la cultura "terrenal" a su alrededor, valora a las mujeres.

+ Describa cómo la cultura celestial valora a las mujeres.

---

* Miss Simpatía, dirigida por Donal Petrie (Burkbank, CA: Castle Rock Entertainment, 2000).

○   *Vea el ministerio de Jesús a través de los evangelios:*
    Mateo, Marcos, Lucas y Juan. Vuelva a leer esos libros
    con una visión renovada hacia el trato que Jesús daba
    a las mujeres. Escriba en su cuaderno sus hallazgos.

*   Compare ambas culturas.

Tome un tiempo para considerar la pregunta formulada a Hadasa (Ester): "¿Quién sabe si no llegaste a ser reina precisamente para un momento como este?" (Ester 4:14). Usted nació en este momento de la historia. Usted, y sus dones, llamados y habilidades únicas, fueron puestos en la Tierra en este momento, a propósito.

*   ¿Cómo la hace sentir eso? Escriba en su cuaderno sus
    pensamientos.

*   Si es cierto que usted fue puesta en este planeta para ser
    contracultura, para llevar la cultura celestial al centro de
    la cultura terrenal (¡y es cierto!), ¿cómo se vería eso en su
    vida?

Hemos discutido muchas formas en que nosotras, como mujeres, podemos contrarrestar la cultura que nos rodea, simplemente al restaurar e invertir en relaciones con otras mujeres. Romanos 12:2 dice: *"No imiten las conductas ni las costumbres de este mundo, más bien dejen que Dios los transforme en personas nuevas al cambiarles la manera de pensar. Entonces aprenderán a conocer la voluntad de Dios para ustedes, la cual es buena, agradable y perfecta".*

*   Después de haber leído este libro, ¿cómo cambió su
    opinión acerca de las mujeres?

*   ¿Cómo cambió su opinión acerca de las relaciones?

+ Describa de qué nueva manera opina acerca de las madres, hermanas, amigas, etc.

"¿Puede imaginarse estar en una posición donde esté tan en paz consigo misma y con sus dones que podría celebrar los cargos y dones de sus hermanas?" (Pág. 163)

Una de las cosas más dañinas que podemos hacer como mujeres es compararnos con las demás. Usted está "asombrosa y maravillosamente creada" (Salmo 139:14, LBLA), diseñada para ser única. De igual manera, las mujeres que la rodean.

+ Decida aceptarse a sí misma. ¿Cuáles son algunas de las cosas que la hacen única? Pídale a Dios que le muestre. ¡Podría sorprenderle!

+ Decida permitir a las mujeres que la rodean ser ellas mismas también. Pídale a Dios que le muestre sus cualidades únicas. ¡Celébrelas!

Vuelva a leer la historia de la caja de bendición en las páginas 160–162. ¿Hay alguien en su vida que necesite ánimo? Pase un tiempo juntando su propia "caja de bendición" para esa persona, y vea cómo Dios la usa en la vida de otros, también.

Capítulo 12

Que nadie se queda atrás

BRINDAR PAZ A SÍ MISMA Y TAMBIÉN A SUS AMIGAS

• • • • •

Porque Dios no nos ha llamado para castigarnos,
sino para que recibamos la salvación por medio de
nuestro Señor Jesucristo. Porque Jesucristo murió por
nosotros para que podamos vivir con él, ya sea que
estemos vivos o muertos cuando él vuelva. Por eso,
anímense los unos a los otros, y ayúdense a fortalecer
su vida cristiana, como ya lo están haciendo.
1 TESALONICENSES 5:9-11 (TLA)

En medio de una intensa batalla, es fácil separarse de su tropa. Cuando una pelea es intensa, hay bombas explotando y humaredas, es difícil escuchar, ver o calcular su posición. El aislamiento es peligroso. La amenaza de muerte aumenta dramáticamente cuando usted está herida o sola.

Esa es la razón por la cual el ejército tiene un código de conducta llamado: "Nadie se queda atrás". Hay una hermandad en el campo de batalla que dice: "No te dejaré morir sola o que seas capturada por el enemigo. Tú y yo estamos en esto juntas. Vamos a salir de aquí juntas". Este tipo de actitud heroico nos lleva a recordar las condecoraciones *Corazón Púrpura* y las historias de valentía.

Algunas de nuestras hermanas están desorientadas en medio de esta guerra por nuestra feminidad. Están teniendo dificultad para escuchar la verdad o para ver como amigables las acciones de otras mujeres. Están tropezando como si caminaran heridas, tratando de encontrar su base militar. Muchas han sido heridas y dejadas en el campo de batalla.

Nosotras, las que tenemos más experiencia en batalla, estamos mejor armadas o simplemente somos más afortunadas, ¿las dejaríamos atrás? O, ¿arriesgaríamos nuestra comodidad para rescatarlas y llevarlas de regreso a las filas, donde sus heridas serán sanadas de manera que puedan volver a entrar en la batalla, saludables y plenas?

NUEVOS COMIENZOS

Me encantan los nuevos comienzos, ¿a usted, no? Hay algo maravilloso acerca de la oportunidad de despejar el camino y empezar de nuevo. Disfruto abrir un nuevo libro o el potencial de un pedazo de papel en blanco. ¿Qué tal un juego de sábanas recién lavadas sobre su cama, o recibir una segunda oportunidad cuando todo le salió mal? Hay algo acerca de un nuevo comienzo que nos da una sensación de esperanza y nuevo viento en nuestras velas.

¿No es esa la razón por la que hacemos resoluciones o nos proponemos metas en Año Nuevo? Damos un vistazo a donde hemos estado y a donde pensamos que deberíamos estar en este momento. Evaluamos nuestro progreso, lidiamos con nuestras frustraciones y pensamos en un nuevo plan de acción. Por eso es que cambiar el calendario, de diciembre a enero me llena de una sensación de esperanza.

Cuando recibí el diagnóstico de cáncer de seno que me detuvo el corazón, el trauma inicial me dejó atónita, completamente expuesta en un campo de batalla por mi salud. Afortunadamente, algunas soldados experimentadas en esta lucha vinieron a mi rescate. Ellas me llevaron de la mano a estar a salvo y tener esperanza. Gracias a ellas, aprendí que este diagnóstico no era el final, sino un nuevo comienzo para mí.

Tal vez usted también haya tenido algunos momentos "¡ay, no!". Esta batalla llamada vida puede haberla dejado en las líneas laterales. Usted puede haber soportado unos cuantos golpes de nuestro enemigo, o quizá hasta un disparo amistoso de aquellos a quienes ama. Bueno, ¡anímese! A Dios le encantan las segundas oportunidades. Constantemente está invitándonos a empezar de nuevo con Él. Nunca nos deja solas o desprotegidas en el campo de batalla. Hay un sinnúmero de hermanas, en el mismo territorio, que quieren correr en su auxilio. En el preciso lugar donde usted creyó que no tenía cura, usted, de hecho, puede ser salva.

DISFRUTE EL TRAYECTO

Unos meses después de mi diagnóstico, una compañera de trabajo me dijo: "Date un tiempo para disfrutar el trayecto".

Y lo hice. El trayecto no ha sido placentero del todo, por supuesto. Pero, cada día, he encontrado un Dios fiel quien es más amable de lo que pensé, más sabio de lo que yo sabía y más compasivo de lo que jamás imaginé. He recibido una segunda oportunidad, un nuevo comienzo, un volver a hacer. Lo que parecía lo peor que pudo haberme pasado, en realidad, ha traído tremenda bendición.

Estoy experimentando una renovación en mi cuerpo, alma y espíritu.

Aunque no podemos deshacer el pasado, podemos volver a empezar. Esta es la esencia de la experiencia de salvación, el renacer. Cuando aceptamos a Cristo como Salvador, empezamos de nuevo. Cuando perdonamos, empezamos de nuevo. Cuando nos amamos mutuamente, empezamos de nuevo.

Usted también puede empezar de nuevo. Dios puede tomar la semilla de la respuesta a Su invitación y empezar a renovar cada área de su vida.

Dios puede renovar su espíritu. El Salmo 51:10 dice: "Crea en mí, oh Dios, un corazón limpio y renueva un espíritu fiel dentro de mí".

Dios puede renovar su mente. Romanos 12:2 dice: "No imiten las conductas ni las costumbres de este mundo, más bien dejen que Dios los transforme en personas nuevas al cambiarles la manera de pensar".

Dios puede renovar su pasado. Isaías 61:4 (BLPH) dice: "Reconstruirán las ruinas antiguas, reedificarán los escombros de antaño, renovarán las ciudades devastadas, los escombros abandonados por generaciones".

Dios puede renovar sus fuerzas. Isaías 40:31 (NVI) dice: "pero los que confían en el SEÑOR renovarán sus fuerzas".

Dios puede renovar su cuerpo. Segunda Corintios 4:16 (LBLA) dice: "Por tanto no desfallecemos, antes bien, aunque nuestro hombre exterior va decayendo, sin embargo nuestro hombre interior se renueva de día en día".

Entonces, ¿cómo empieza usted en el camino a la renovación? Aquí van algunos de mis mejores consejos.

SALGA DE SU ZONA DE COMODIDAD

Un cambio verdadero empieza al tomar una seria decisión para hacer algo diferente. Cuando hemos sido heridas, es una tendencia natural del instinto por sobrevivir, tratar de mantenerse alejada de cualquiera que pueda causarnos más dolor. Como resultado, en ocasiones, renunciamos a las relaciones precisas que nos podrían ayudar a fortalecernos y ser plenas.

Usted no podrá superar verdaderamente su dolor pasado hasta que se atreva a empezar de nuevo. Para poder fortalecerse, usted tiene que recuperar lo que le ha sido robado. Usted tiene que empezar a cultivar algo diferente en el lugar de su herida.

. . . .

A Dios le encantan las segundas
oportunidades.

. . . .

Si usted está lista para hacer amigas verdaderas, usted va a tener que cambiar su manera de pensar acerca de los métodos para relacionarse con otras mujeres y correr el riesgo. Necesitará entrar en un territorio algo siniestro. Sí, la pueden lastimar. Puede ser rechazada. Alguien podría tocar una vieja herida. Probablemente se sentirá incómoda, pero los resultados valen la pena.

Una vez decida que va a cambiar sus antiguos patrones de pensar y actuar, usted estará lista para el segundo gran paso hacia una nueva vida.

VAYA

En la carta de Pablo a los Romanos, él les dice: "Algo que siempre pido en oración es que, Dios mediante, se presente la oportunidad de ir por fin a verlos. Pues tengo muchos deseos de visitarlos para llevarles algún don espiritual que los ayude a crecer firmes en el Señor. Cuando nos encontremos, quiero alentarlos en la fe pero también me gustaría recibir aliento de la fe de ustedes" (Romanos 1:10-12).

Cuando esté lista para empezar a forjar nuevas relaciones, escoja a sus amigas potenciales sabiamente. Usualmente, seleccionamos amigas y cónyuges que son de igual madurez y salud emocional. También tendemos a volvernos como la gente con la que pasamos tiempo juntas. Si usted anda cerca de mujeres que son saludables, usted también será saludable. Si ellas son amables, usted aprenderá a ser amable. Lo que haya en lo demás se le va pegar a usted. Y lo que hay en usted puede ser impartido en ellas.

Una amiga saludable le ayudará a crecer firme en el Señor a medida que las dos se animen mutuamente. Al trabajar en los patrones generacionales y las heridas provocadas por mujeres en su vida, ambas se volverán más saludables.

Así que, vaya a alguna parte donde tenga la posibilidad de hacer relaciones saludables con mujeres. ¡Amigas potenciales hay por todas partes! Considere unirse a cualquier experiencia compartida que avive su pasión: la iglesia, asociaciones de padres, club de ciclismo, un gimnasio. Busque un lugar que tenga valores y propósito donde los miembros puedan tener la misma visión.

La próxima vez que esté en grupo pequeño, dé un vistazo a las mujeres a su alrededor. ¿Hay alguien con quien podría conversar? Si usted hace el esfuerzo de conectarse, puede ser que simplemente haya hecho una nueva amiga.

ACÉRQUESE

Como dice el dicho: si quiere tener una amiga, debe mostrarse amiga. No espere a que los demás se acerquen a usted. Arriésguese a acercarse a otra persona.

Cuando los fariseos trajeron ante Jesús a una mujer que había sido atrapada en adulterio, pidiéndole que la juzgara, Él dijo: "¡Muy bien, pero el que nunca haya pecado que tire la primera piedra!" (Juan 8:7). Después que todos los acusadores se retiraron avergonzados, Jesús le dijo a la mujer, "Vete y no peques más" (Versículo 11).

> Usted y yo nunca podremos establecer nuevas amistados si no arriesgamos el rechazo inicial.

¿Podemos "irnos y no pecar más"? En lugar de tirar piedras a quienes nos lastimaron, necesitamos tanto perdonar como ser perdonadas.

En algún punto, usted tendrá que arriesgase a tener una experiencia con una mujer hiriente. Isaías 52:1 dice: "¡Despierta, Jerusalén, despierta! ¡Levántate y sé fuerte!". Las únicas ataduras que nos detienen son las que todavía tenemos que remover.

Solía ser tímida con las mujeres que no conocía. Pero, ahora, me gusta ser valiente. Si veo a alguien nuevo, regularmente ella me dirá su nombre. Luego hago una pregunta acerca de ella, como: "¿Cómo estás?".

Este simple acto requiere valentía de mi parte. Después de todo, es posible que ella no quiera hablarme. Ella podría pensar que soy extraña o estar muy ocupada para mí.

> En algún punto, usted tendrá que arriesgase a tener una experiencia con una mujer hiriente.

¿Pero qué tal si ella quiere conocerme a mí? ¿Qué tal si es como yo? ¿Qué tal si ella también se siente rara o solitaria o se pregunta cómo conocer a alguien? Usted y yo nunca podremos establecer nuevas amistades si no arriesgamos el rechazo inicial.

Aun si una nueva relación es un poco delicada al principio, no significa que usted deba salir corriendo. Usted tiene que ejercitar la gracia para esos momentos iniciales incómodos. La primera vez que Lee Ann vino a mi puerta, estoy segura que yo fue un poco rara. Yo no sabía cómo se hospitalaria con esta vecina amigable que quería conocerme.

Hacer amigos es también acerca de reaccionar positivamente ante otros. Si alguien le invita a reunirse para tomar un café, diga: ¡sí! Y haga un verdadero esfuerzo para llegar, aunque se sienta tímida o avergonzada. Si en realidad no puede llegar, sugiera otra fecha para reunirse que funcione mejor para usted.

Si usted corre la voz de que está buscando hacer amigas, podría sorprenderse de cuántas mujeres responden.

PONGA LA BOLA A RODAR... Y MANTÉNGALA CORRIENDO

Una vez usted ha experimentado una o más relaciones saludables con mujeres, usted puede ser mentora de alguien más. Usted puede ser una "madre de madres". Como su tendencia natural para nutrir está libre, tendrá todo lo que necesita para ser sana y ayudar a otras a sanar.

Jesús dijo que un buen pastor dejará a las muchas para ir a encontrar a la oveja perdida y regresarla al redil (Lucas 15:3-6). Él hizo eso por usted y por mí, para traernos salvación. Y Él quiere que sigamos su ejemplo.

Hay seguridad y relaciones en comunidad. Pero el aislamiento es peligroso, particularmente para una mujer. El enemigo quiere que nos separemos de nuestras hermanas para poder atacarnos. Así que, esté alerta. No camine sola.

Adicionalmente, preste atención a las mujeres en las afueras de su círculo social. Si usted nota alguien que está escapando, tome acción. Invítela a tomar un café o a almorzar. Envíele una nota de ánimo. Ore por ella. No la fuere a abrirse con usted. Simplemente sea amiga. Muestre que le importa. Comparta su corazón y su vida con ella, y déjele saber que también para ella es seguro compartir.

NO TE DEJARÉ ATRÁS

Amo a mis hijos con toda mi alma y corazón; sin embargo, los he herido. Estoy determinada a no permitir que ellos permanezcan en esas heridas. Tengo que buscar su perdón y ellos tendrán que perdonarme, así podremos seguir adelante. Ellos son mi descendencia y yo soy su protección primaria contra el enemigo que les odia. No los dejaré atrás en la búsqueda de mi propia misión y pasión. Si usted y yo ganamos el mundo entero pero perdemos a nuestros hijos, lo habremos perdido todo.

Adicionalmente a mis hijos biológicos, estoy involucrada en las vidas de muchas otras mujeres maravillosas. Algunas de ellas andan heridas, resultados de esta guerra en nuestro género. No continuaré sin ellas tampoco.

No soporto el pensamiento de que podría irme de esta vida y no tomar el tiempo para decirle a todas las mujeres a mi alcance: "¡Sí, tú puedes! Tú puedes amar a las mujeres. Tú puedes sanar tus relaciones. Tú puedes superar tu dolor. Tú puedes guiar a otras a la gracia. Tú puedes aceptarte a ti misma, a tus hijas y a tus amigas también. Tú puedes caminar en audacia. Tú puedes tener paz. Tú puedes amar extravagantemente".

Pero yo no puedo alcanzar a todas las mujeres del mundo. Allí es donde entra usted. Hay un sinnúmero de mujeres en su vida que podrían ser sanadas si usted compartiera este mensaje con ellas. Usted puede ministrar a su hija, a su mamá y a sus amigas. Si cada una de nosotras acepta la responsabilidad persona por nuestras hermanas, podemos recuperar nuestro nombre de mujer que da vida que nos fue dado por Dios. Juntas, tenemos un gran potencial. Una sociedad completa de mujeres sanas, plenas y unificadas será la mayor fuerza del bien en la Tierra.

. . . .

Si usted y yo ganamos el mundo entero pero perdemos a nuestros hijos, lo habremos perdido todo.

. . . .

De manera que cuéntele a alguien más lo que ha aprendido y lo que Dios está haciendo en y a través de usted. Contacte a su mamá, hijas, hermanas y amigas. Atrévase a hacer algo diferente. Retire su cortina de temor e invite a las de más a unirse a usted en esta revolución de paz. Ya sea que usted en la etapa de la revelación que abre los ojos, viendo el daño de mujeres heridas a su alrededor, o avanzando para entrar en sanidad, hay alguien que la necesita. No dejemos a nuestras hermanas atrás.

LA BATALLA CONTINÚA

Cuando considero el tiempo de mi nacimiento, me sorprendo. No me sorprende el mes o el día, sino la auténtica bendición de haber nacido durante esta época en particular. ¿Ha pensado alguna vez acerca de lo extraordinario que es que usted esté viviendo en este momento de la historia? Yo no lo hubiera logrado durante el Oscurantismo. El solo pensar en ser pionera a través de los Estados Unidos me cansa, y me encanta la plomería interior, el aire acondicionado y la comida para llevar. ¡Estoy hecha a la medida del siglo XXI!

Además, estoy agradecida por el privilegio de ser mujer durante esta era y en este país. Hemos sido testigos del cambio del milenio, el lanzamiento del Internet y el mayor despliegue masivo del evangelio que jamás se haya conocido. Hoy día, las mujeres son libres de dirigir, no solamente nuestros hogares, sino también grandes negocios y hasta gobiernos. Tenemos oportunidades, responsabilidades y opciones que nuestras madres y abuelas ni siquiera soñaron. ¡Y conocemos a Jesús!

Pero no todas disfrutan esta posición privilegiada. Mujeres y niños alrededor del mundo viven en desesperación y tiempos difíciles. Algunas están más que emocionalmente heridas. Están atrapadas en la pobreza, discriminación cultural y hasta esclavitud. La opresión llega en muchas formas: abuso, adicción, depresión, desesperanza, hambre e injusticia solo para nombrar algunas. Y no solamente en tierras lejanas y lugares jamás vistos. Muchas de nuestras hermanas viven en situaciones opresivas justo aquí, muy cerca de nosotras. *Y muchas no conocen a Jesús.*

Hay un impulso entre las mujeres hoy en día. Cuando estamos en paz entre nosotras, nos volvemos una fuerza que se tiene que tomar en cuenta. Nuestro poder será liberado, el reino de Dios se expandirá dramáticamente y nuestro enemigo será vencido. Este es un momento especial para ser una mujer en el reino de Dios, porque Sus hijas están preparadas para la acción.

· ·

> El mayor regalo que mi batalla contra el
> cáncer me ha dado es el darme cuenta
> que mi vida y mis días cuentan.

· ·

Por supuesto, nuestro privilegio no llega sin un costo que pagar. Lucas 12:49 dice: "Grandes dones significan grandes responsabilidades; a más grandes dones, más grandes responsabilidades" (paráfrasis).

Cuando alguien o algo está preparado de esta manera, hay una sensación de tensión suspendida. Es esa fracción de segundo antes que un león ruja, antes de jalar el gatillo o antes que la cortina del escenario se abra. Todo está preparado, listo, en el umbral. Hay un cambio en el espíritu, un resurgir de algo grande e importante, que cambia la vida y es hermoso.

La batalla por nuestro género no ha terminado. No, por un buen rato.

Todavía quedan batallas por pelear, y tenemos el deber de responder a las mujeres que nos rodean y que están atrapadas en mentiras y heridas. Aunque nuestro enemigo continúa provocando una guerra entre nosotras, en el intento de dejarnos sin poder y sin vida, no podemos, tampoco quisiéramos, negociar un tratado de paz con Satanás. Puesto que él ya está derrotado, la guerra está ganada. Al final, usted y yo ganaremos. A través de Cristo, aplastaremos la cabeza del enemigo.

· ·

Cuando estamos en paz entre nosotras, nos volvemos una fuerza que se tiene que tomar en cuenta.

· ·

Mi guerra personal contra el cáncer tampoco se ha terminado. Pero estoy lanzándole al enemigo unos cuantos ataques sorpresa. Estoy animando a compañeras sobrevivientes. Estoy instando a las mujeres a dar prioridad al autocuidado y que practiquen medidas preventivas que reducirían su riesgo de cáncer. Estoy haciendo conscientes a las demás de la importancia de detectar el cáncer tempranamente para que tantas vidas como sea posible puedan salvarse.

A principios del año 2011, recibí la oportunidad de expandir el impacto de mi historia. Participé con la Fundación nacional contra el cáncer de mama, cuya misión es salvar vidas aumentando la concientización del cáncer de mama a través de educación y haciendo mamografías para aquellas en necesidad. Como parte de un proyecto de la fundación llamado *Beyond The Shock* (Después del shock) fui presentada en un documental, en el cual compartí mis experiencias y perspectivas como sobreviviente del cáncer. Espero que mi historia inspire valentía, esperanza y fe en las que están luchando contra enfermedades. (Si le gustaría ver el documental, visite www.beyondtheshock.com. Es un recurso excelente en inglés y motivante para aquellas que acaban de ser diagnosticadas y para sus familias.)

Recientemente, me hicieron la mamografía anual, ultrasonidos, tomografías y estudios PET. Tuve un gran susto, como que algo no se veía muy bien en uno de los exámenes. Llamé a mis mentoras, madres, hermanas, y amigas para que pelearan junto conmigo nuevamente a través de sus oraciones y palabras de ánimo.

Para mi alivio, recibí nuevamente el "todo bien". Salí de esa lucha con algunos golpes, pero más comprometida para pelear por mi salud que nunca antes.

El incidente me recordó de la urgencia de contar mis días, valorando mis relaciones y considerando mi legado.

UN LEGADO DE AMOR

El mayor regalo que mi batalla contra el cáncer me ha dado es el darme cuenta que mi vida y mis días cuentan. No es suficiente tener fe, pues "la fe sin obras es muerta" (Santiago 2:26 ,RVR1960). Tenemos que creer y también hacer.

Esta es la razón por la cual me apasiona exponer las mentiras que las mujeres han creído desde Génesis 3, acerca de su verdadero propósito, valor e impacto. Quiero que nos demos cuenta quién es el verdadero enemigo, revelar la verdadera guerra que tenemos en frente. Estoy usando toda arma que tengo para demoler las fortalezas de nuestra cultura y exponer las mentiras del enemigo. Me apresuro al campo de batalla para ayudar a aquellas que están perdidas o heridas. Quiero ministrarles la verdad de quiénes son en Cristo. Deseo crear en ellas una diferente expectativa de las otras mujeres. Estoy determinada a dejar un legado de amor.

. . . .

Nuestra batalla es por nuestra cultura,
nuestro legado y las generaciones venideras.
La vida y la muerte están en la balanza.

. . . .

El nombre *madre* no puede exigirse, tiene que ganarse a través de relaciones construidas con amor, cuidado y ternura. El sistema, relativamente impersonal, de leer palabras en una página podría no ser suficiente para establecer ese tipo de relación entre usted y yo. Pero aun si nunca la conozco, yo sinceramente me intereso por usted, y yo quiero depositar algo en su vida que verdaderamente marque una diferencia para usted.

Todas las buenas madres quieren que sus hijos sean más exitosos, más fructíferos que lo ellas fueron. Esa es mi meta para usted. Yo anhelo verla intervenir e involucrarse en exactamente las mismas cosas que nuestro enemigo ha tratado de arrancar de sus manos. Mi deseo es que usted sufra menos y ame más.

En gran parte, usted determinará la efectividad de mi legado. Si he sido capaz de ofrecer un empujoncito, una clave, un poquito de ánimo maternal o consejo práctico, si he puesto algunos valores útiles en su vida, si he expuesto algunas mentiras y revelado algunas verdades, entonces, a donde quiera que usted vaya y lo que sea que usted haga habrá un pedacito de mí en usted.

¿SE IMAGINA?

Nuestra batalla es por nuestra cultura, nuestro legado y las generaciones venideras. La vida y la muerte están en la balanza. Nuestro dolor puede resultar en veneno o en sanidad. Nuestras experiencias pasadas y patrones generacionales pueden ser un crisol para algo doloroso o pueden producir amor, pasión y el don de vida para las generaciones por venir.

Le insto a evaluar cuidadosamente estas ideas que he presentado aquí. Vea más allá de la música popular y los *reality shows* de la televisión de nuestros días y busque la fuente original de sus opiniones actuales. Dese cuenta de sus patrones generacionales y heridas personales y permita que Dios las sane. Mejor aún, dese a sí misma algo en qué reflexionar, algo verdadero. La Palabra de Dios es la idea que más transforma vidas, provoca reflexión, cambia cultura, ¡para esta, y para cualquier otra, generación!

Imagine qué sucedería si empezamos una revolución de amor, respeto, celebración mutua e inversión entre las mujeres.

Cuando sea y dónde sea que las mujeres se reúnan, ya sean dos o veinte o dos mil, hay un potencial para el cambio. Lo que usted puede hacer sola es mucho menos que lo que todas podemos hacer juntas. Tenemos el potencial de cambiar nuestra cultura colectivamente.

Empieza con usted y conmigo.

Nuestro legado puede ser una vida fructífera que bendecirá a muchas generaciones venideras. De manera que, esté en paz. Sea poderosa. Multiplique. Expanda. Cambie el mundo que la rodea. Sea una mujer dadora de vida, una madre de madres. Que nadie se quede atrás.

• • • • •

PREGUNTAS PARA REFLEXIONAR

✦ Usted tiene la oportunidad de "volver a empezar" en algunas áreas. Haga una lista de algunas de ellas.

✦ ¿Cómo se siente al ver esa lista? ¿Emocionada? ¿Ansiosa? Lleve su lista ante Dios y permita que Él le hable acerca de sus "páginas en blanco".

Lea la lista de Escrituras de renovación en la página 169. Escriba en su cuaderno o diario personal sus pensamientos sobre cada una de esas dos áreas. ¿Cómo sería si Dios renovara su mente? ¿Su fortaleza? ¿Su espíritu? ¡Invítelo a hacer exactamente eso!

"Un cambio verdadero empieza con tomar una seria decisión para hacer algo diferente". (Pág. 170)

✦ ¿Está lista para ver un cambio verdadero en su vida? ¿En la vida de las mujeres que la rodean?

✦ ¿Qué haría de manera diferente? ¿Cómo saldría de su zona de comodidad para ver los cambios que desea?

"Así que, vaya a alguna parte donde tenga la posibilidad de hacer relaciones saludables con mujeres. ¡Amigas potenciales hay por todas partes!". (Pág. 170)

✦ Pida a Dios que la guíe a algunos lugares donde usted pueda hacer nuevas amigas.

✦ Luego determine ¡IR!

✦ Cuando esté allí, hable con otras mujeres. Sea amiga; sea vulnerable. Sea abierta. ¡Sepa que Dios cuida de usted en todo momento!

Si usted todavía está luchando con algunas heridas de su pasado, siéntase en libertad de regresar a los capítulos que más la impactaron. Pase un tiempo con Dios procesando eso, permítale que siga hablando Su verdad a todas las partes heridas y con dolor. ¡Su deseo es que usted no se quede atrás!

✦ Pida a Dios que le ayude a identificar amistades existentes donde usted pueda hacer un cambio, si fuera necesario. Decida pedir perdón y prepárese para extenderlo.

✦ Pida a Dios que le ayude a identificar posibles relaciones donde pueda "ser madre" o "mentora". ¡Salga! ¡Podría encontrar a una mujer esperando por alguien como usted!

"La batalla por nuestro género no ha terminado. No, por un buen rato". (Pág. 175)

✦ Después de leer este libro, ¿qué significa para usted la declaración anterior ahora?

✦ ¿Qué herramientas ha identificado para ayudarle mientras continúa en la batalla?

+ ¿Cómo cambiará su vida como resultado de las cosas que ha descubierto mientras leía este libro?

"Hay un impulso entre las mujeres hoy en día. Cuando estamos en paz entre nosotras, nos volvemos una fuerza que se tiene que tomar en cuenta. Nuestro poder será liberado, el reino de Dios se expandirá dramáticamente y nuestro enemigo será vencido. Este es un momento especial para ser una mujer en el reino de Dios, porque Sus hijas están preparadas para la acción". (Págs. 175-176)

+ Pida a Dios que le diga la verdad de esto a su corazón. Escriba en su cuaderno o diario personal lo que escuche. ¡Y declárelo!

Tome un momento y escriba el legado de amor que usted quiere dejar a las futuras generaciones de mujeres.

Conclusión

Si usted recuerda la historia que compartí en la Introducción acerca de una sesión *en Gateway Church* que me hizo empezar esta misión, posiblemente se pregunta qué nombre se nos ocurrió para nuestro ministerio de mujeres. Me complace contarle que después de mucha deliberación, nos quedamos con un título maravillosamente creativo: *Pink*.

Pink representa a una compañía de mujeres comprometidas a aceptar su feminidad, maximizar sus fortalezas y administrar sabiamente su influencia. Creemos que Dios nos ha creado para está en relación con Él y con las demás. Cada semana, muchas mujeres en el área de Dallas/Fort Worth se reúnen en una variedad de escenarios y encuentran un lugar para construir intimidad, amistad y responsabilidad.

Bajo la dirección de Debbie Morris, pastora ejecutiva de *Pink*, tenemos una cantidad de oportunidades interesantes, relevantes e inspiradoras para mujeres. Estamos comprometidas a crear ambientes seguros, amigables y de fácil acceso donde las mujeres puedan discutir las realidades de la vida, animarse mutuamente e involucrarse en un estilo de vida de auténtica comunidad y crecimiento espiritual. Para obtener información más reciente en todas las actividades *Pink*, por favor, visite la página de internet: **www.pink.gatewaypeople.com**

Algunos de los momentos más emocionantes del año son cuando las mujeres de *Gateway* se reúnen por eventos especiales como las Noches *Pink*. En estas grandes reuniones grupales, nosotras dejamos todos nuestros otros roles y experimentamos una comunidad única donde podemos ser simplemente mujeres. Aquí el poder de una se convierte en el poder de muchas. Deseamos construir unidad, animarnos mutuamente y utilizar nuestra pasión combinada, a fin de compartir un corazón de servicio alrededor del mundo, a través de una variedad de iniciativas orientadas a la compasión. Dichas iniciativas son conocidas como: Voz *Pink*.

Uno de los más exclusivos ministerios de *Pink* es la publicación semestral de la revista, sin fines de lucro, llamada *Studio G*. Su propósito es conectar y animar a las mujeres desde una perspectiva Cristiana con artículos, informativos e inspiradores, sobre asuntos relacionados a ser una mujer de fe en la cultura actual. El título fue inspirado en el Salmo 144:12 (LBLA), el cual es una oración pidiendo a Dios que "nuestras hijas como columnas de esquinas labradas como las de un palacio". El nombre nos recuerda que nosotras, como mujeres cristianas, somos obras de arte en proceso a medida que el Maestro Escultor continúa diseñándonos para ser mujeres "como las de un palacio". Un Su estudio, descubrimos el propósito para el que fuimos creadas y llegamos a darnos cuenta de nuestro verdadero valor. Vea la última edición en línea y suscríbase a la revista en inglés visitando la página de internet **www.studiogmag.com.**

Uno de mis ministerios favoritos es nuestra conferencia anual *Pink Impact*. Desde el año 2006, miles de mujeres de toda la nación se han reunido en este evento para disfrutar un encuentro con Dios, conectarse con otras mujeres y divertirse mucho todo el tiempo. Nuestro equipo de comunicadoras dotadas llevan a las mujeres en una aventura espiritual donde ellas pueden ahondar en las Escrituras y encontrar al Espíritu Santo de una manera totalmente nueva. El equipo de alabanza Gateway guía en alabanza extravagante, mientras los invitados especiales inspiran a nuestras asistentes. Creamos un ambiente que exalta a Cristo e impacta a las mujeres.

Pink Impact ya está disponible en transmisión simultánea para las iglesias alrededor del mundo, capacitándonos para alcanzar a más mujeres con esta reunión única en su género. Para mayor información, para inscribirse en las próximas conferencias o para considerar recibir la transmisión simultánea en su iglesia, por favor visite: www.pinkimpact.com

Cada semestre, tenemos un gran número de grupos *Pink*, incluyendo estudios bíblicos, reuniones de oración, grupos de consejería y desarrollo de liderazgo. Ya que proveemos ministerio de niños *sin costo* en nuestras dos instalaciones, estas reuniones son la oportunidad perfecta para que las mujeres crezcan espiritualmente, pasen tiempo con sus amigas, almuercen juntas y hasta hagan sus diligencias.

En los últimos años, hemos lanzado un programa extensivo para mujeres en el desarrollo de liderazgo llamado WILD (*Women In Leadership*

Development) [Mujeres en desarrollo de liderazgo]. Este programa de varios niveles nos ayuda a identificar a aquellas quienes tienen interés en guiar a otras y provee un medio para que podamos ofrecer capacitación y desarrollo de relaciones.

A nuestras líderes las llamamos *"Pink Reps"* y nos esforzamos en facultarlas para servir como ministras para nuestra congregación.

Además, tenemos *Pink Equip*, son clases diseñadas para edificar discípulas maduras que pueden enfrentar los desafíos de la vida con confianza divina y convicción. Proveemos ambientes donde las mujeres pueden ser transformadas aprendiendo a aplicar la Palabra de Dios en sus vidas. Nuestra meta es impulsar a las mujeres en una relación más profunda e íntima con Dios y con los demás.

Nos apasiona alcanzar la próxima generación de mujeres jóvenes. Cada año llevamos a cabo un retiro anual para nuestras chicas *Hot Pink* (entre los 18 y 29 años de edad). Adicionalmente, hacemos equipo con *Pretty In Pink*, nuestro ministerio juvenil enfocado en nuestras jovencitas (de 12 a 17 años de edad). Estas damas jóvenes están constantemente en nuestros pensamientos y oraciones a medida que desarrollamos esfuerzos ministeriales para mujeres. Las animamos, aun a temprana edad, a considerarse a sí mismas una parte integral de la visión *Pink*.

Si usted está interesada en conocer más de *Pink*, visite nuestra página de internet en **www.pink.gatewaypeople.com**. Allí encontrará información acerca de los próximos eventos, videos acerca de nuestro ministerio y enlaces para nuestras conferencias, la revista, y grabaciones en audio y video. Nos encantaría que nos siguiera en Facebook (**www.facebook. com/gatewayPINK**) y Twitter (**www.twitter.com/GatewayPINK**).

Pink es un emocionante ejemplo del increíble poder que las mujeres cristianas tenemos cuando nos reunimos a adorar a nuestro Creador, invertir en la vida de las unas y las otras y compartir el amor de Dios con las demás. Si usted está en el área de Dallas/FortWorth, Texas, le invito a visitarnos. Si no, le animo a encontrar una iglesia local con base bíblica donde usted pueda disfrutar esta clase de compañerismo hermoso. Dios está moviéndose entre las mujeres en todas partes, y usted es necesaria justo allí en su propia comunidad.

"Estamos comprometidas a hacer un traspaso de verdades eternas, no al estilo antiguo que se parece al club de té de la abuela, sin en manera que se identifican con la generación actual. Hemos puesto nuestras miradas en celebrar quienes somos como mujeres cristianas y conectarnos mutuamente en amor. Queremos compartir entre todas lo que hemos aprendido, volvernos animadoras para aquellas que siguen nuestros pasos y comunicarnos para recibir ayuda e instrucción de aquellas que van un poco más adelante".

Debbie Morris
Una mujer de bendición

PARA MAYOR INFORMACIÓN ACERCA DE LOS MINISTERIOS DE PINK, POR FAVOR, VISITE:

 PINK.GATEWAYPEOPLE.COM

 PINKIMPACT.COM

 STUDIOGMAG.COM

 PINKGROUPS.GATEWAYPEOPLE.COM

 FACEBOOK.COM/GATEWAYPINK

 TWITTER.COM/GATEWAYPINK

 PODCAST

COMPARTA CONMIGO SUS COMENTARIOS

Si *Mujeres en pie de guerra* le ministró, me encantaría saber sus comentarios. Por favor, tome un momento para enviarme un correo electrónico a **jan@jangreenwood.com** y dígame cómo le va en la batalla por nuestra feminidad.

Puede mantenerse en contacto conmigo visitando mi sitio de internet **www.jangreenwood.com**. Allí, usted encontrará algunos recursos para ayudarle a invitar a otras mujeres a esta visión de paz. Además, incluye enlaces a la *National Breast Cancer Foundation* (**www.nbcf.org**) y *Beyond the Shock* (**www.beyondtheshock.com**).

Me sentiré muy honrada si usted se mantiene en contacto conmigo y me sigue en:

Facebook (**www.facebook.com/jangreenwood**)
Twitter (**www.twitter.com/jangreenwood**)

Para otros comentarios o información, contacte:

Gateway Create Publishing
500 South Nolen
Southlake, TX 76092

"Mantengámonos firmes sin titubear en la esperanza que afirmamos, porque se puede confiar en que Dios cumplirá su promesa".
—Hebreos 10:23

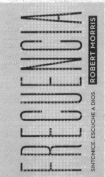

Te invitamos a que visites nuestra página web, donde podrás apreciar la pasión por la publicación de libros y Biblias:

www.casacreacion.com

 @CASACREACION

 @CASACREACION

 @CASACREACION

Para vivir la Palabra